般若心経には文明を新しくする恐るべき秘密がある

梶原和義

JDC

はじめに

皆様は現在生きていますが、何のために生きているのか分からないのです。文明ができて人間の歴史が始まってからだいたい六千年になりますが、人間が何のために生きているのか分からないのです。

皆様は何のために生きているのか分からないままの状態で、死んでいかなければならないのです。現代人の頭は少々おかしくなっているのではないでしょうか。死んでいくことが当たり前だと思っている人が、ずいぶん多いからです。

何のために生きているのか、自分の人生経験がどういうことであったのか、それが分からないままの状態で死んでいくことが当然だという考え方、これは実に無責任、無感覚、無自覚、無定見のひどい考え方です。

こういう考え方にしてしまったのは現代文明が原因です。これがルネッサンス以降の文明です。ルネッサンスはユダヤ人のトリックですが、ユダヤ人がこういうやり方で、白人社会を騙した。白人はユダヤ人の言うとおりに動いているのです。その白人の考えのとおりに日本人は、動いていかなければならないことになっている。こういうことを冷静に考えて頂きたいのです。

文明は人間のためにあるはずです。人間が文明に隷属するものではありません。ところが、現代では人間が文明に奉仕させられている。思想的、学問的、政治的、経済的にも、皆様は現代文明に引きずり回されているのです。

文明の他に信じるものがないから、仕方がないかもしれませんが、般若心経を冷静にお読みになれば、今の文明が間違いだらけであること、間違いの塊であることが分かるのです。これは般若心経を読むだけで分かるのです。

日本には、般若心経という非常に貴重な文化財があります。白人文明の中には、般若心経のような高等で、高尚、的確に、人間の真髄をずばりと言い切っている文化財は、一つもありません。

白人は肉体人間を認めることが本性のようなものです。日本人は農耕民族であるために、人間存在を認めるよりも、お天道様を認める感覚が強いのです。これは日本人の特長です。

その日本に、般若心経というすばらしい文化財が現存していることは、誠に心強いことです。ところが、せっかく与えられている般若心経でも、仏教の経典になってしまうと、三文の価値もないことになるのです。宗教はこれほど悪いものです。

般若心経は仏教の経典ではありません。人間存在の輝かしい文化財の筆頭に上げられるべきものです。ぺらぺら読んだり、書いたりして、すましておられるような仏教のお経ではないのです。

それを仏教では経典のように扱ってしまっている。般若心経の経とはスートラということで、縦につながっているということです。上から下りてきたという意味にもなるのです。つまり般若心経は、天来の哲学の原則のようなものです。命に関する天来の原則が般若心経です。

五蘊皆空というのは、人間の思いが本質的には幻覚にすぎないと言っているのです。こういう明瞭な言い方は白人社会にはないのです。白人思想は非常に浅薄なものです。人間の思いそのものが五蘊であるという思い切った言い方は、東洋人でなければできないのです。

現在、般若心経の字句を尊重する習慣を持っている民族は、日本人しかいないのです。だから、せっかくの般若心経を宗教的に曲げてしまうことをしないで、宗教家の手から般若心経を奪い返して、皆様の貴重な命の資料にすべきであると思います。

釈尊は宗教家ではなかったのです。従って、釈尊の思想が最も端的に二百七十六文字において明確に現われている般若心経は、宗教の経典ではありません。皆様の人生の礎となるべき、重要な文化財です。

現在の仏教界で、般若心経の説明をするお坊さんはたくさんいますが、般若心経の字句を実行している人はいません。自分自身の命の実体として捉えている人はいないのです。

宗教はインチキです。日本の憲法には信教の自由という言葉がありまして、信じても信じなくてもいいと言っているのです。従って、般若心経が宗教の経典であれば、色即是空という言葉でも五蘊皆空という言葉でも、信じても信じなくてもいいとなるのです。

色即是空は本当のことです。人間は目で見たものが、目で見たとおりにあると思っている。これが迷いです、幻覚です。

人間の目は有形的に存在するものを見るためにあるのではない。有形的に存在するものの本質を見るためにあるのです。

皆様は現在生きています。ところが、皆様が今日まで生きていたその命を続けても、ただ死ぬだけです。死ぬに決まっているのです。

ところが、死にたくないという気持ちが、皆様にはあるに決まっています。死んだらどうなるのかを、皆様の霊魂は正確に知っているのです。このままで死んだら、大変なことになるということを、霊魂は知っているのです。だから、死にたくないという非常に強い気持ちが皆様の中にあるのです。

ちょっと病気になると、すぐ病院に行きます。そのように、人間の霊魂は命の尊さをよく知っているのです。ところが、皆様の常識がそれを忘れているのです。

皆様は常識では死ななければならないと思っているでしょう。しかし、直感的には死にたくないのです。死にたくないという霊魂の願いが、いわゆる本能であり、本心であって、人間の本心は死んではだめだということをよく知っているのです。

皆様は今まで、命のことを考えなさすぎたのです。ただ生活のことだけを考えていたのです。いくら人間が生活といってみても、死んでしまうに決まっている人生です。

般若心経はそういう考え方が間違っていると言っているのです。五蘊皆空、人間の考えは本質的には幻覚であると言っています。人間がいると思っていますが、本当にいるのではないのです。人間はないものをあるように幻覚しているのです。

般若心経はそれをはっきり書いていますけれど、これを宗教のお経として読んでいますと、信じてもいい、信じなくてもいいとなるのです。だから、せっかく般若心経が日本にありながら、ご利益が全然分かっていないのです。

般若心経を宗教として扱っていることが間違っているのです。釈尊は宗教家ではなかったのです。釈迦国の皇太子でした。ですから、般若心経は宗教ではないのです。

日本には、釈尊の本当の悟りが全然伝わっていません。日本の仏教は日蓮の宗教、親鸞の宗教、弘法大師の宗教というように、各宗派のお祖師さんの信仰が仏教になっている。これはお釈迦さんの悟りではありません。よく似たようなところはありますけれど、全く違うのです。

釈尊の悟りは一切空とはっきりしているのです。般若心経は正確とは言えませんが、釈尊の悟りをほぼ正確に伝えているのです。

般若心経は仏教に反対しています。例えば、無苦集滅道、無智亦無得、以無所得故と言っています。無苦集滅道とは四諦のことです。

四諦八正道は、日本の大乗仏教の中で唯識論の中心になっている。それを般若心経は真正面から否定しているのです。般若心経が仏教ではないことを、般若心経自身が主張しているのです。

般若心経を仏教の経典としてではなくて命の真髄として、その字句をはっきり見極めて頂きたいのです。

死にたくないという皆様の本心が本当です。人間は死んではならないのです。肉体は滅びます。肉体は消耗品ですから、使えば古くなって滅んでいきます。しかし、霊魂としての人間の本性は、絶対に死んではならないのです。

このことを皆様の霊魂は直感的に知っている。これが死にたくないというやみがたい気持ちになっているのです。だから、病院が繁盛するという妙な現象になっているのです。病気は治ってもいいし、治らなくてもいいのです。病気が治っても、やはり死んでいくからです。死なない命を掴まえればいいのです。そうしたら、絶対に死なないからです。

死なない命はあるのです。イエス・キリストが死人のうちから復活したことは、歴史的事実です。人間が死ななくてもよくなってから、二〇二〇年以上にもなるのです。それをキリスト教はめちゃくちゃにしているのです。

キリストの復活の命が現実に皆様の命になっていることを、キリスト教が邪魔をしている。それを宗教の売り物にしているのです。死なない命を求めてきた人々に、死んでから天国へ行くというのです。キリスト教の教義を信じれば、死んでから天国へ行って幸せになると説いているのですが、そんなめちゃくちゃなことは一言も聖書には書いていません。

聖書は今生きている人が、永遠の命を得ることができる。イエス・キリストの十字架、復活によって今生きている人の命が復活の命になっているという、驚くべきことを書いているのです。

キリスト教の教義は全部嘘です。死んでから天国へ行くのではない。今生きている間に、天国へ入るのです。

宗教の観念はこの世では通用しますけれど、この世を去ってしまえば全く通用しません。霊魂はそれを知っているのです。だから、皆様は何となく宗教が信頼できないような気がするのです。

イエスはただの青年でした。宗教が全く嫌いな青年でした。だから、宗教家を偽善者だと言って、ひどく叩いているのです（マタイによる福音書23・13〜36）。宗教家と律法学者をひどく嫌っていたのです。

いま、皆様の心を毒しているのは宗教と学問です。この二つが皆様の魂の純粋さを、めちゃくちゃにしているのです。

現在の宗教家では、命を正確に説明する人がいません。学者にもいないのです。死ぬに決まっていると思っていることが間違っているのです。イエスが復活したという事実をよく勉強すれば、死ななくてもいいのです。

現に皆様の霊魂は死にたくないとはっきり願っています。死にたくないという霊魂の声を素直に、率直に聞いて頂ければいいのです。

般若心経には文明を新しくする恐るべき秘密がある／目次

般若心経には文明を新しくする恐るべき秘密がある

般若波羅蜜多心経《はんにゃはらみたしんぎょう》

（玄奘訳）　　（現代語訳）

一　観自在菩薩《かんじざいぼさつ》……求道者である観自在が、

二　行深般若波羅蜜多時《ぎょうじんはんにゃはらみったじ》……深なる真実の知恵において、実践を期して修行して居られたとき、

三　照見五蘊皆空《しょうけんごうんかいくう》……人間の精神的な在り方は、五つのもので組み立てられていると見きわめられました。しかも、その五つのものが、本性的には空であり、実体がなく、

四　度一切苦厄《どいっさいくやく》……従って、人間のすべての苦しみや厄災も、みな実体がないものであることを悟られたのです。

五　舎利子《しゃりし》……シャーリプトラよ。

六　色不異空《しきふいくう》……この世の物質現象は空であって、現象的な意味での実体はなく、

七　空不異色《くうふいしき》……その空であるものが、物質現象として存在して現われているのです（存在という事柄は、このようにして成立し

ているわけです）。

八　色即是空《しきそくぜくう》　空即是色《くうそくぜしき》………つまり、物質現象はとりも直さず空なるものであり、空なるものが、すなわち物質現象であるのです（この二つは別のものではなく、はなれているものでもありません。存在するということの二つの面なのです）。

九　受想行識《じゅそうぎょうしき》………だから、人間の感覚、表象、意志の働き、知識までも、

十　亦復如是《やくぷにょぜ》………実はこれと同じ道理であることになります。

十一　舎利子《しゃりし》………シャーリプトラよ。

十二　是諸法空相《ぜしょほうくうそう》………存在するすべてのものに、現象的な実体というものはありません。それがこの世においての本当の在り方なのです。

十三　不生不滅《ふしょうふめつ》………だから、生じたということもなく、滅したということもない。

十四　不垢不浄《ふくふじょう》………汚れたのでもなく、汚れをはなれたのでもない。

十五　不増不減《ふぞうふげん》………増すこともなく、減ることもないのです。

十六　是故空中《ぜこくうちゅう》………だから、もし、空という現象的実体をみとめない立場に立つとすれば、

十七　無色《むしき》…………　あらゆる物質現象はないことになります。

十八　無受想行識《むじゅそうぎょうしき》…………　従って、感覚も、表象も、意志の働きも、それに属する色々な知識もないのです。

十九　無眼耳鼻舌身意《むげんにびぜつしんい》…………　のみならず、目も、耳も、鼻も、舌も、身体も、意識さえもありません。

二〇　無色声香味触法《むしきしょうこうみそくほう》…………　色や形もないし、声も香もない、味もないし、触覚の対象もない。さらに、そのような観念すらもないのです。

二一　無眼界《むげんかい》　乃至無意識界《ないしむいしきかい》…………　視覚の領域から意識の領域に至るまで、ことごとく存在しないことになります。

二二　無無明《むむみょう》　亦無無明尽《やくむむみょうじん》…………　知恵も悟りもないし、無知や無明もない。知恵、悟りがなくなることもないし、迷いや無知がなくなることもありません。

二三　乃至無老死《ないしむろうし》…………　そしてついに老いることも、死ぬこともなく、

二四　亦無老死尽《やくむろうしじん》…………　老いと死とが、なくなることもないのです。

二五　無苦集滅道《むくしゅうめつどう》…………　苦しみも、その原因もなく、苦しみをなくする必要も、それをおさえる道もないことになります。

二六　無知亦無得《むちゃくむとく》……………………何かを知ることもないし、また何かを悟得するということもないのです。

二七　以無所得故《いむしょとくこ》……………達するとか、得るとかいうことがないので、

二八　菩提薩埵《ぼだいさった》
依般若波羅蜜多故《えはんにゃはらみったこ》……人はこの菩薩の彼岸への真実の知恵を依り所として、

二九　心無罣礙《しんむけいげ》…………心にわだかまりや、さわりがなく住しています。

三〇　無罣礙故《むけいげこ》…………心に暗いものがないので、

三一　無有恐怖《むうくふ》…………色々な恐怖がなく、

三二　遠離一切顛倒夢想《おんりいっさいてんとうむそう》……一切の顛倒した気持ちからはなれて、

三三　究竟涅槃《くぎょうねはん》…………本当の平安に入っているのです。

三四　三世諸仏《さんぜしょぶつ》…………過去、現在、未来にわたる心の目を開いた人たちは、

三五　依般若波羅蜜多故《えはんにゃはらみったこ》……みなこの彼岸への真実の知恵によって、

三六　得阿耨多羅三藐三菩提《とくあのくたらさんみゃくさんぼだい》……この上ない正当な悟りを体得されたのです。

三七　故知般若波羅蜜多《こちはんにゃはらみた》……だから、この彼岸への真実の知恵こそは、

三八　是大神呪《ぜだいみょうしゅ》…………実に大いなる真実の言葉、

三九　是大明呪《ぜむじょうしゅ》…………また、すべての苦悩をとり除くもの、

四〇　是無上呪《ぜむじょうじゅ》…………また、無上の悟りの言葉、

四一　是無等等呪《ぜむとうどうしゅ》……………　比類のない真実の言葉であり、

四二　能除一切苦《のうじょいっさいく》……………　また、すべての苦悩をとり除くもの、

四三　真実不虚故《しんじつふこ》……………　全く偽りがない真実そのものであると知るべきであります

四四　説般若波羅蜜多呪《せつはんにゃはらみったしゅ》………　この真実の言葉は、彼岸への真実の知恵において

四五　即説呪曰《そくせつしゅわつ》…………　次のように説かれています。

四六　羯諦羯諦《ぎゃていぎゃてい》　波羅羯諦《はらぎゃてい》
波羅僧羯諦《はらそうぎゃてい》　菩提薩婆訶《ぼじそわか》…　ガテー、ガテー、パーラサンガテー、ボーディー、スワーハー（渡った者よ、渡った者よ、彼岸へ渡った者よ、完全に彼岸へ渡った者よ。その悟りに栄光があるように）。

四七　般若心経《はんにゃしんぎょう》……………　彼岸への真実の知恵の心を、ここに終ります。

1. 宗教は無明の人間が造った理屈

宗教は無明の人間が造った理屈です。般若心経は仏教では用いられてはいますけれど、本来般若心経の思想というのは仏教を否定しているのです。

「無老死亦無老死尽、無苦集滅道」という言葉があります。十二因縁というのはないと言っているのです。無明に始まって老死に終わるというのは十二因縁のことを言っているのです。十二因縁は大乗仏教の唯識論の基本原理です。これがないと言っているのです。般若心経は実に勇敢に、大乗仏教の唯識論を否定しているのです。

無苦集滅道という言葉があります。これは四諦八正道を言いますが、四諦八正道はないのだ、嘘だと言っているのです。ですから、般若心経は宗教ではないというのが正しい見方です。

般若心経は釈尊の悟りの中心を集約したものです。これは空を中心に述べているのです。空とか無という大精神は東洋思想の中心です。般若心経は全部で二百七十六文字ですが、その中に三十六、七文字が無と空になっているのです。般若心経はほとんど無と空を説いていると考えたらいいでしょう。

これは仏教は空である。人間の常識も空であるという言い方になるのです。人間は肉体的にこの世に生まれてきた自分を自分だと思い込んでいるのですが、これが無明です。妄念です。この妄念に基づいて文明社会ができているのです。

人間の妄念に基づいて仏教ができていますし、キリスト教ができているのです。ところが、聖書はキリスト教の教典ではありません。般若心経も仏教の経典ではありません。般若心経は仏教を否定しているからです。

私は般若心経と聖書は宗教ではないと考えているのです。

皆様はこの世で生活することには非常に熱心ですけれど、命については不熱心です。病気になるとあわてて病院に行きますが、霊魂のことに関しては真剣に考えようとしていないのです。現在の人間の考え方は、全くどうかしているのです。日本人には正しい世界観が全くありません。正しい価値観もありません。神とは何であるか、仏とは何であるかについて、正しい認識を持っていないのです。

宗教は無明の人間が幸福になるために教義という理屈を造り上げたのです。無明の人間にとって便利になるような理屈を造り上げたのです。これが宗教です。これを信じるのはご自由ですが、宗教は真実ではありません。

真実ではないことを承知して、道楽で信じることもあり得ることですが、これを承知でするのならそれは自由です。その代わりに、その人は自分の霊魂を棒に振ることになるのです。

宗教ははっきり人間を欺いています。病気に対する藪医者みたいなものです。免許を持たない藪医者みたいなものです。本当の人生、本当の命をしっかり踏まえているのではないのです。

自分の目で見ているつもりでいますけれど、これが間違っているのです。こういう考え方を無明というのです。

人間は自分が見ていると思っているのですが、光線が皆様の目の網膜に映っているのです。映っている映像が視覚神経を通して脳に行き、それを認識しているのです。人間は自分の目がどのように働いているかを認識していないのです。こういうことを般若心経では五蘊皆空と言っているのです。

人間の考えは妄念の塊です。学問も道徳も、常識もすべて妄念の塊です。そういう頭で宗教を信じていますから、とんでもない間違いをしているのです。

現在皆様の心臓が動いています。心臓が動いているということが神という事実です。神というのは最も顕著な実体であって、明々白々なことです。最も大きい事実であって真実ですが、これが皆様の精神に何の影響も与えていないのです。

皆様の霊魂は自分自身の妄念によって死んでいるのです。こういう頭で日本人は生きているのです。私は日本人の世界観や価値観がはっきり妄念であることが分かっていますので、放っておくことができないのです。だから警告しているのです。

2. 涅槃

般若心経に遠離一切顚倒夢想、究竟涅槃という言葉があります。この言葉は妙な言葉です。涅槃というのは、ニルバーナーというサンスクリット語を漢訳したもので、冷えて消えてなくなってしまうことです。

現世に生きていると考えている気持ちが消えてしまうのです。そうして、自分が現世に生きていたことが嘘であったという最終的な判断に到着してしまうのです。これが涅槃です。涅槃が釈尊の本当の悟りです。明けの明星を見て悟りを開いたことが釈尊の中心命題になるのですが、明けの明星が日本の仏教界に全然分かっていないのです。

現在の人間が生きていると思っているのは、自分がそう思っているだけです。皆様は自分がいると考えているでしょう。これは自分だけしか通用しない気持ちです。これは本当のことではないのです。これを釈尊は一切空と言っているのです。

一切空というのは、人間が生きていることが空だと言っているのです。般若心経は人間の考えは皆間違っているということを、五蘊皆空という言葉ではっきり言っているのです。そうして、彼岸へ渡れと言っているのです。

般若心経を読んでいる人は日本にはたくさんいますが、その内容を喝破した人は一人もいないのです。日本には般若心経が千年も前からありました。日蓮、親鸞、道元、弘法大師でも本当の般若心経を喝破していないのです。皆宗教として扱っているのです。本当の般若心経を理解したとしたら、仏教は成立しなくなるのです。

無無明亦無無明尽、乃至無老死亦無老死尽、無苦集滅道、無智亦無得以無所得故ということを正確に理解していきますと、仏教が成立しなくなるのです。十二因縁、四諦八正道という唯識論の中心思想をはっきり否定しているからです。

般若心経には釈尊の悟りが如実に現われているのです。ですから、般若心経をまともに読んでいきますと、仏教は成立しなくなるのです。ところが、日本の仏教は般若心経を商売の道具に使っているのです。

般若心経を写経して千円をつけて寺へ送るとご利益があるというのです。般若心経はそういうものとは違うのです。寺の塔を建てるために般若心経を用いている寺がありますが、般若心経はそういう目的のために使うべきものではないのです。人間の間違った思想を捨ててしまうためにあるのです。

人格の真髄は霊魂ですが、霊魂のことを全く無視して生きているのです。今の皆様が生きている命は、必ず死ぬに決まっている命です。これを捨てて、もう一つの死なない命に移り変わることを、どうしてもしなければいけないのです。

現在の大乗仏教は、釈尊がなくなってから五百年後から七百年後の間に、色々な経典が編纂されたのですが、その時に輪廻転生という思想も入ってきたのです。当時のヒンズー教や他の宗教に入っていたものが、仏典の中へ取り入れられたのです。

輪廻転生というのは人間の気休めの思想で、信用できるものではないのです。一度死んでもう一度生まれてくるという思想で、人間にはそういう希望があるでしょう。そういう人間の希望に迎合した考えです。

一度死んでもう一度この世に生まれてくるという事実は全くありません。輪廻転生があると言いふらしている新興宗教がありますが、それは根も葉もない観念論です。輪廻転生は全く嘘です。

人間が現世に生きることは非常に苦しいことです。本当の真理を追求しようとしてもなかなかできません。働きながら家族の面倒をみていると、人生の真理を探求するということは、なかなかできることではありません。そこでもう一度人生を与えられたらいいという、人間の希望的な観測が輪廻転生という思想になっているのです。

今、皆様は時間、空間が存在する世界に生きているのです。今の文明は時間、空間が存在しなければ成立しないのです。ところが、時間、空間は必ず存在するものではありません。

現在の地球が存在する間は時間があるのです。時間があるということは、人間の精神構造に大変大きい係わりがあるのです。ところが、地球がやがて存在しなくなることがあるのです。

聖書は次のように断言しています。

「しかし、主の日は盗人のように襲ってくる。その日には、天は大音響をたてて消え去り、天体は焼けくずれ、地とその上に造り出されたものも、皆焼きつくされるであろう」（ペテロの第二の手紙3・10）。

地球は神が造ったものですから、神が無くそうと思ったら無くなるのは当たり前です。時間は絶対のものではありません。空間も絶対のものではありません。現在の科学では時間があるということを証明する方法がないのです。専門学は時間があるに決まっていると考えて成立しているのです。時間の本質とは何なのか。これについての科学の返答はないのです。哲学も返答していないのです。

地球が存在することはもっと大きいことです。時間よりも空間よりももっと大きいことなのです。地球とは何かを究明しようと考えたら、聖書を勉強するしかしょうがないのです。キリスト教ではない聖書を読んでいきますと、時間、空間の実体が分かってくるのです。キリスト教ではない聖書、宗教ではない聖書をしっかり読んでいきますと、地球は何のために存在するのか、人間の命の本質は何であるのかが分かってくるのです。

地球は時間的、空間的に存在している惑星ですけれど、この惑星は消えてしまう可能性があるのです。大爆発によってできた太陽系宇宙は、爆発によって、また、消滅するのです。できたものはなくなるに決まっているのです。

生あるものは必ず死する

昔から生あるものは必ず死する。形あるものは必ず滅すると言われてきました。これが宇宙の原則です。地球でも、太陽でも、やがて壊れるに決まっているのです。だから、現在の地球を絶対と考えることが間違っているのです。

釈尊が言いたいことはここにあるのです。新約聖書が本当に言いたいことは、今の地球は仮の存在であるということです。現在の地球は物理的に存在するものですが、もう一つ霊理的に存在する地球があることを言っているのです。これが本当の宇宙の輪廻転生と言えるかもしれないのです。

皆様がこの世に生まれた時に、死なない命を持っていたのです。ところが、物心がついた結果、皆様の考え方が肉体的に生きているという感覚に強制されてしまったのです。そうして、絶対に死ぬ人間になってしまったのです。死ななくてもよい人間が死ぬ人間になってしまった。これが人間の業《ごう》ですから、やむを得ないことかもしれません。

そこで、皆様がこの業を破るだけの努力をするかしないかということです。人間に与えられたカルマ、業を自分で乗り越えることができた人は、永遠の命を掴まえることができるのです。できなかった人は残念ながら死んでしまうしかないのです。

死んでしまうことが、ただ現世から去ることだけなら何でもないことです。ところが、そうではないから困るのです。死後の裁きが待っているから困るのです。そうして、地獄へ行くことになるから困るのです。

人間に与えられている理性や良心はすばらしいものです。例えば、三百トンも四百トンもあるジャンボジェット機が、空中を飛んでいるのです。こういうことは物理的にはできないはずですが、人間の常識で考えるものではない、別の考え方があり得ることを示しているのです。

すばらしい高性能のコンピューターも造ることができるのです。人間にはすばらしい能力があるのですから、これを真面目に開発するという気持ちさえあれば、死なない命を見つけることはそれほど難しいことではないのです。誰でもできるのです。

その前にまず現在の皆様の常識が間違っていることを承知して頂きたいのです。現在の日本人の考えが間違っているのです。

物心がついたということが間違いの始まりです。物心がついたために、命が分からなくなってしまったのです。命の性《さが》が分からなくなってしまったのです。

命には性があるのです。これが今の人間には分からないのです。今の大人は命の性を冷静に判断することができなくなっているのです。こういう悪い癖をやめれば、死なない命を見つけることは十分にできるのです。

皆様はおぎゃーとこの世に生まれたのです。二十四時間以内にお母さんのおっぱいを飲んだのです。お母さんのおっぱいを飲んだということは、赤ちゃんに味覚意識があったということです。

おっぱいがおいしいから飲んだのです。もしおっぱいが塩辛い味がするとか、酸っぱい味がするとしたら、赤ちゃんは飲まないでしょう。お母さんのおっぱいがおいしいから飲んだのです。

皆様には生まれる前から味覚が与えられていたのです。これが生まれる前の命です。生まれる前の命は死ぬはずがない命です。

これは味覚だけではありません。視覚も聴覚、触覚も生まれる前から植えられていたのであって、肉体の生成に従って五官が完全に働くようになったのですけれど、これは生まれる前から植えられていた本能です。本能というのは本来の能力性という意味です。本来の能力性というのは死なない能力性ということです。本来というのは死なないということを意味するのです。

例えば、性でも食でも本能性です。本能性とは本来の性能であって、これが命の性《さが》です。命の性というのはどういうものか。言葉の常識では命の性が欲になってしまっているのです。

命の性という考え方が大人の世界ではなくなっているのです。だから、性は欲望だと思っているのです。これが根本的に間違っているのです。こういうことは女の人にはよく分かるでしょう。女の人は男を求めているのではないのです。男の中の男を求めているのです。これは本能性によって女のあり方を正確に冷静に綿密に見ていきますと、女が求めているのは性欲ではないということがよく分かるのです。人間の常識が性欲にしてしまっているのです。現在の大人の考えが間違っているから、そういう考えになってしまっているのです。

これについて女にも責任があります。本当の人間の本来性をよく考えれば分かるのです。理性の力、良心の力をよく考えて頂きたいのです。理性は一体何を求めているのか、良心は何を求めているのかということを冷静に判断していきますと、生まれる前に植えられていた死なない命が分かるのです。

まず第一に大人の常識が間違っているのです。学校の教育が間違っているのです。学校教育は社会に役に立つ人間を造ることが目的です。世の中に役に立つ人間を造るために情緒を破壊したのです。知性的な教育が強くなればなるほど、人間の素朴な天性はだんだん弱くなるのです。いわゆる頭脳明晰になればなるほど、魂は盲目になってしまうのです。そういう教育をしているのです。

3. 観自在

観自在の自というのは、初めという意味と、からという意味があるのです。両方合わせますと、初めからという意味になるのです。初めからあったものを見るのが観自在です。初めからあったものというのは、先天性のことです。皆様が生まれる前からの絶対原理が先天性です。天然自然という言葉がありますが、天然ということが初めです。皆様が今見ている森羅万象は、天然が自然になっているのですが、般若心経は天然の説明をしていません。

観自在というのは、初めからあった原理、真理を見たということです。菩薩というのは人間の命の心髄を考えている人、または考えようとして一生懸命になっている人を言っているのです。観自在菩薩というのは生まれる前のあり方を示しているのですが、生まれる前は意識していません。無意識の命です。皆様の人格は無意識の世界から有意識の世界へ生まれ出たのです。人格ということが、今の人間には分からないのです。本当の人格を仏と言っていますが、これが今の日本人には分からなくなっているのです。仏という言葉はありますけれど、その内容が分からないのです。

現在の人間は無明によって生まれてきたのです。大無量寿経には、人間は無明から生まれてきて、無明の中に生きていて、無限の無明に落ちていくと書いています。何のために生まれてきたのか、何処から生まれてきたのか、死んだらどうなるのか全く分からない。全く無責任な状態です。現代の文明人は自分の命のこと、自分の人格のことをほとんど考えていない。そのような無知な状態がほとけてしまうのです。なくなってしまうのです。これを仏と言うのです。人間は死んでいくに決まっている命を、自分の命だと考えてそれにしがみついている。いくらしがみついても、死ぬに決まっているのです。

人間の命は、人間が造ったものではありません。これは皆様の人格を見れば分かるのです。皆様の人格は恐ろしく尊いものです。天然自然の根本原理が皆様の人格の原理になっているのです。

太陽の輝きは、宇宙生命が物理的なエネルギーの形をとって、私たちに現われている。これが太陽光線であり、暖かさであり、明るさです。暖かいこと、明るいことが太陽光線のエネルギーが何であるかを示している。おのずからの原理をそのまま現わしているのです。

太陽のエネルギーのおかげで地球は生きていますが、太陽が直接地球を照らすことになりますと、地球の温度は四千度から五千度になるでしょう。そうすると、とても人間は生きていられないのです。生きているどころか人間は燃えてしまいます。この強烈なエネルギーを大空が中和している。地球の周囲に大空があるのですが、この大空のおかげで人間の生存の環境が保たれているのです。

一体、大空というのは何であるのか。どうして大空があるのかが、現代文明では説明できないのです。太陽と大空と地球の三つの関係を、天然、おのずから、神というのです。神と言っても、天然と言っても、おのずからと言っても同じです。これが宇宙の大生命です。

宇宙の大生命を人格的に表現しますと神になるのです。神の人格の本体がペルソナです。皆様の人格は神のペルソナにそっくりです。皆様は神のペルソナとそっくりの人格を持っているので、時々あわて者が自分は神だと言い出すのです。そう言い出すのも無理はないのです。神のペルソナと人間の人格は、実質的には同じものだからです。

人間は宇宙の大生命を全然知らないのです。現世に生まれてきて八十年か九十年この世にいて、人間の人格は神だという理屈のきれっぱしを信じて、自分は神の子だと言っている。これは大間違いです。日本の神道にはこういう間違いがあるのです。日本の神道がいう神は本当の神ではありません。人間が造った神をいうのです。例えば、乃木希典を乃木神社で祀っている。東郷平八郎を東郷神社で祀っているのです。神さんのようにして祀っているのです。ちょっと傑出した人物を神に祀りあげるという習慣があるのです。自分より少し上の人が神になるのです。

皆様の本当の人格はそんなものではないのです。天然の本質、天然の実質が人格的に現われたものが皆様の人格です。皆様の理性の働き、推理判断の微妙な働き、記憶能力のすばらしさを考えてみてください。皆様の人格が持っている力は、驚くべきものですが、これは皆様が造ったものではないのです。ところが、皆様は人格を自分の気持ちで勝手に使っている。自分が生きている、自分の自由があると考えているのです。

ある雑誌に有名人が幸福な結婚をしたと言っていましたが、これがおかしいのです。結婚に幸福などあるはずがないのです。結婚すれば悪くなるに決まっているのです。性欲を満足すれば悪くなるばかりです。セックスの原理を知らないでセックスを実行している。それが間違っているのです。

人間は人格というすばらしいものを持っていながら、それを自我意識によって勝手に用いている。その責任を追及されるに決まっているのです。

この世に生きている人間は、必ず死にます。これは人間の人格を知らないからです。皆様の人格は宇宙人格の一部が人間となっているのです。宇宙人格とは神のことです。神の人格が人間として現われているのです。

だから、人間は神を信じることができますし、信じないこともできるのです。犬や猫は神を信じることもできないし、信じないこともできないのです。人間は神と喧嘩することができる。神の味方になることもできますし、神の敵になることもできるのです。

一切空

釈尊は現世で生きている人間の最高の悟りを見せたのです。現世の人間は一切空である、一切間違っているということが、釈尊の悟りの結論です。これが今の日本にはないのです。釈尊の教えは仏法であって、仏教ではないのです。日本にあるのは仏教です。日本にあるのはすべて仏教の教祖が造った宗教です。

釈尊は一切空と言っています。般若心経には釈尊の思想がはっきり出ているのです。空というのはすばらしい思想ですけれど、今の日本人には分からないのです。昔の日本人には少しぐらい分かっていたのです。生あるものは必ず死する。形あるものは必ず壊れると言ったものです。

地球という形のあるものは、必ずなくなるのです。地球は消えてしまうのです。地球は物理的存在ですから、物理構造が変化すれば消えてしまうに決まっているのです。こういうことを土台にして考えることを悟りと言うのです。今の日本にはこんなことを考えている人はいないのです。

物理的に存在するものは、物理的に消滅するのです。皆様が住んでいる大地も地球がある間はあります。しかし、地球がなくなれば大地は存在しなくなるのです。

これを般若心経は色即是空と言っています。色即是空という言葉を本当に信じている人は、今の日本には恐らく一人もいないでしょう。文明があればそれでいいと思っているのです。ところが、文明は人間の思想によってできたものであって、人間自身の思想によって人間自身が騙されている状態が文明です。

人間は自分が生きていると思っています。やがて、心臓が止まるに決まっている。必ず死ぬに決まっているのです。死ぬに決まっている人間のことを自分だと思っている。死んでしまうというのは、現在死んでいることを意味するのです。現在死んでいる自分のことを自分だと思っている。人間はこういう愚かなことを平気でしているのです。人間はこういう人間を堂々と承認しているのです。これが文明というものです。

日本の高校や大学で教えている理屈が何処まで通用するのでしょうか。人間の心臓が止まれば絶対に通用しないのです。ところが、人間の人格は宇宙構造の原点から来ているのです。これは死なないものです。これを霊魂不滅と言います。

人間は現世で心臓が止まれば死にますが、皆様の人格は永遠に生き続けなければならないのです。そうすると、どんな状態で生き続けるかが問題です。苦しんで苦しんで、しまったと思って生き続けるか、神と共に生き続けるかどちらかです。

今、皆様が自分だと思っている人格は、真っ赤な嘘の人格です。自我意識の本質は、偽りです。全くの外道です。悪魔です。

人間は欲望を満足することが幸福だと思っている。欲望は満足させればさせるほど、だんだん太っていくのです。その結果、人間の魂は殺されてしまうのです。死んだらどうなるのか。人格の尊さを知らずに生きていた人は、死んでからその責任を徹底的に追求されるのです。これは恐ろしいことです。

現世に生きている間は、本当に苦しければ首を吊って死んでしまうという方法がありますが、死んでしまえば首を吊ることもできないのです。そのように、人間の霊魂がこの世を去ってしまいますと、死ぬことができない所へ行くのです。そこで、しっかり苦しめられるのです。徹底的に苦しめられるのです。持っていた人格を泥まみれにしていたその責任を追求されるのです。

人間は文明のために完全に騙されているのです。これがユダヤ文明です。ユダヤ主義とはこういうことです。ユダヤ主義を正当に知ろうと思えば、地球存在の根本原理を知らなければならないのです。

人間の人格は、地球存在の根本原理よりも尊いものです。神の人格と同じものです。このような人格を持っていながら、自分が生きていると思っている。これはとんでもない間違いです。

他界

この世を去るのは死ぬのではなくて他界するのです。皆様の魂は、現世で勉強をしているのです。何の勉強をしているのかと言いますと、命の勉強をしているのです。そして、命の勉強が終わったら、また、終わらなくても、この世から消えなければならないのです。

皆様は率直に言いますと、いつ死ぬか分からないのです。年寄りであっても若くても、人間の命は全く分からないのです。

命はいつなくなるか分からない。この世の生活がいつ消えるか分からないということを、真面目に考える人がめったにいないのです。むしろそういうことを考えないようにしているのです。そういうことを考えるのは、縁起が悪いと言って、死ぬことを真面目に考えないようにしているのが、世間一般の風潮です。

これは気の毒なことです。死を直面目に考えた方が安心できるのです。死はじっくり目の前において考えますと、実は自分の命に対する見方が間違っているから死があるということが分かってくるのです。

命は二つありまして、死ぬに決まっている命と、死なない命があるのです。ところが、日本人は百人が百人、千人が千人共死ぬに決まっている命を、命だと思い込んでいるのです。命に対する知識が全くないのです。命とは何かということをまともに考えようとする人が、日本には全くいないのです。先祖代々死んでしまうに決まっている命を、自分の命だと思い込んできたのです。

そこで、宗教にしがみついて助かろうとするのです。そういうことをするより、まず命についての見方を替えたらいいのです。絶対に死ぬに決まっている命をやめて、絶対に死なないに決まっている命に替えたらいいのです。死ぬに決まっている命を、自分の命だと思い込んでいる人は危ないのです。

皆様は現在生きていますから、命の見方を変えることができるのです。命の見方を変えさえすれば、自分自身の本当の姿をもう一回見直すことができるのです。現在の世の中は死んでしまった人間が造ったものです。六千年間の人間文明は、死んでしまった人間ばかりが造ったものです。ですから、この世の中の常識を信じていますと、死んでしまうことになるのです。死ぬのは嫌だと言いながら、死んでしまわなければならないことになるのです。

これは全くばかなことです。日本人の世界観が間違っているのです。皆様の命が間違っているのではなくて、命に対する見方が間違っているのです。死ぬに決まっている命をなぜ自分の命だと思うのでしょうか。皆様は死にたくないと思っているでしょう。そう思っていながらなぜ現在の命を考え直そうとしないのでしょうか。

般若波羅蜜多は向こう岸へ渡る知恵であって、向こう岸へ渡るということは死なない所へ行くことです。これは宗教ではないのです。般若心経を宗教扱いしているから間違っているのです。日本の仏教信者、お坊さんの中で般若心経を自分の命で経験している人は一人もいないのです。

般若心経は人間の考えが間違っていると、はっきり言っているのです。仏教のお坊さんが仏教について考えていることが間違っているのです。仏教という宗教があることが間違っているのです。

釈尊は五蘊皆空とはっきり言っているのです。般若心経の中心テーマは五蘊皆空ですが、五蘊というのは人間の知識、常識の一切をいうのです。皆様の記憶、経験、物の考え方は全部五蘊の中に入るのです。これが間違っているのです。世の中の常識、習慣、社会通念は五蘊です。

皆様は五蘊で生きています。だから、死なねばならないことになるのです。命に対する考えが根本から間違っているからです。

宗教が間違っています。仏教が間違っているのです。どの宗派が悪い、この宗派が良いというのではありません。仏教、キリスト教、あらゆる宗教が間違っているのです。本当の命を提供する準備がなくて、神とか仏とか言っているからです。

般若心経を読んでいる人は日本にはたくさんいるでしょう。しかし、般若心経の本当の意味が分かっている人がめったにいないのです。仮に般若心経の意味が講義できても、五蘊皆空を実行している人は一人もいないでしょう。これが現在の日本の社会状勢です。

4. 般若心経が言いたいこと

人間は、とんでもない間違いをしているようです。人間どうしがつきあっていると、色々な問題が起きてくるのです。

個人としては、個人的な混乱がありますし、国家的には、国家的な混乱があります。これは、一体何をしているのかということです。

人間は、六千年の間、こういうことを続けてきました。不平や不満、不信の生活を送り続けてきたのですが、人間は何のために生きているのかという、この簡単なことが、未だに解決されていないのです。

国は何のためにあるのでしょうか。世の中は何のためにあるのでしょうか。そういうものを造っている人間は、何のために生きているのだろうかという、極めて素朴な、第一の問題が、分かっていないのです。

一体、人間は何のために文明生活を送ってきたのでしょうか。

人間文明は、錯覚の塊です。なぜ錯覚の塊なのかと言いますと、死ぬに決まっている人間が集まっているからです。死ぬに決まっている人間が、文明を造っているのです。こんなものは、果たして文明と言える価値があるかどうかです。

死ぬに決まっている人間、また、死んでしまった人間が集まって、歴史を造ってきた。また、学問を残してきた。これは、何の価値があるのでしょうか。死んでしまった人間の思想に、どういう意味があったのでしょうか。

命には、二つの命があります。絶対に死んでしまうに決まっている命と、絶対に死なない命です。皆様は、この二つのうち、どちらを自分の命と考えているのでしょうか。

死ぬに決まっている命を、自分の命だと思っていますと、必ず死ぬのです。こういうばかみたいに単純な問題が、今の人間には分かっていないのです。

死にたくないという気持ちは、誰でもあります。死にたくないと考えていながら、死なねばならないと思っている。これはどういうことでしょうか。

こういう根本的な問違いを、鵜呑みにしたままの状態で、文明を造っている。そして、生きているのですが、生きていながら、命とは何かが分かっていない。おかしなことです。

生きていることは、言うまでもなく、命を経験しているのです。人は現に、命を経験しているのです。ところが、命とは何かが分かっていない。困ったものです。

人間文明は、そういう錯覚の塊です。原子爆弾をやめることができない程、人間はばかなのです。

これは、ロシアやアメリカを指導している人間だけのことではありません。大きく言えば、ロシアやアメリカの問題ですが、小さく言えば、人間どうしの交際、かかわりあいには、必ずいざこざがあるのです。家庭の中にも、いざこざがあるのです。表面的に現われなくても、内面的にそういうものがあるに決まっているのです。

結局、命が分かっていないのです。本当の命に生きていない。人間の常識で生きているから、そうなるのです。人間の常識は、命を知らない人間が、現世の思想を演繹したものです。こんなものは、初めからあてにならないのです。

人間は、常識で生活している。生きていながら命が分かっていないということが、まともな生き方をしていないことの、明々白々な証明になるのです。

般若心経は、そういう考え方は、根本から間違っていると、はっきり言っているのです。般若心経を読んでいる人は、日本にはたくさんいます。一千万人位の人が読んでいるでしょう。

ところが、般若心経の内容が、全く分かっていない。般若心経の字句の説明を、色々と言う宗教家は、たくさんいます。しかし、般若心経に現われている、五蘊皆空、色即是空、不生不滅という言葉を、そのまま自分の命として実行している人は、ほとんどいないのです。

般若心経の一切空という考え方、五蘊皆空という考え方を、本当に実行することになりますと、現在の日本の仏教のあり方は、ほとんど消えてしまうのです。

どうしてそういうおかしなことになっているのかというと、まず個々の人間が、自分の命について、まともな考え方をしていないし、宗教家も、般若心経と聖書に対して、まともな考え方ができていないからです。概念的、宗教観念的に捉えていますけれど、自分自身の命の問題として、切実な考え方で取り上げていないということです。

般若心経を宗教として読んでいる場合には、般若心経の一切空という考え方、色即是空という考え方が、自分自身の生活の実体にならなくてもいいのです。ただの宗教なら、どうでもいいのです。

聖書もその通りです。キリストによって罪が許されると書いていますが、本当に許されるかどうか、分からなくても、宗教ならそれでいいのです。宗教は、信じても信じなくてもいいのです。

だから、般若心経と聖書を、宗教として取り上げますと、本気になって勉強する気持ちにならないのです。これが、大変な間違いなのです。

日本の憲法には、信仰の自由がありまして、宗教は信じてもいいし、信じなくてもいい。勝手にしなさいと言っているのです。宗教は、そんなものです。

ところが、命の問題になりますと、勝手にしろではすまないのです。死ぬか生きるかの問題です。何のために生きているのか。死んだらどうなるのかという問題です。これが全く分からない。分からないままでは、人生の結論がつくはずがないのです。

五十年、六十年と生きてきた人は、人生の経験を十分積んできました。一体何を経験したかということです。命について、何を経験したかということです。商売のこと、家庭のこと、人間どうしのつきあいのことなどは、分かっているでしょう。そんなことは、十年も経験したら分かります。

ところが、肝心要の、命が全く分かっていない。何のために生きているのか。何のために死なねばならないのか。死んでからどうなるのか。さっぱり分からないのです。

死んだらしまいという人がいますが、なぜそうなるのかということです。死んだらおしまいなら、墓を造る必要がないのです。葬式さえもする必要がないのです。

ところが、葬式の問題とか、墓の問題は、それぞれの家庭の大問題です。宗教を全然問題にしていなかったロシアでも、レーニンの墓は、非常に立派で大きなものです。最近まで霊魂を問題にしていなかった国が、ああいう立派な墓を造っているのです。

人間は死んでしまうと、それを捨てておくことはできないのです。死後の世界があるに決まっているからです。

現代人は、現世に生きておれば、それでいいと思っている。現世に生きていることが、どういう意味を持っているのか。これがはっきり分かれば、死なない命を見つけることはできるのです。

現在生きていることを、正確に、綿密に見つめていけば、死なない命が見つかるのです。死なない命を見つけるための新しい世界観を創建する必要があるのです。

日本人は、生活することには大変熱心です。ところが、命の問題を、全然考えようとしていないのです。

死んでから墓を建てることは考えるのですが、これは、命の問題とは違うのです。生活にいくら熱心になってみても、肝心要の命のことを考えないというのは、全く無責任、無自覚です。人生に対する正しい考え方が全くないのです。これが、日本人の大欠点です。

日本では、従来から、般若心経に対し、好意を持っている人は、たくさんいました。今から、千二、三百年以前の王朝文化の万葉集とか、古今集、古今和歌集を読んでみますと、色即是空的な感覚、諸行無常的な感覚がたくさんあるのです。

諸行無常、諸法無我、涅槃静寂が三法印と言われるものですが、この感覚は、日本文化にはっきり影を落としています。

ところが、明治以降の日本文化には、そういうまじめな考えが、なくなってしまっているのです。ユダヤ人のとんでもない考えに毒されてしまっているからです。

現代文明、近代文明をひきずり回しているのは、ユダヤ人のグループです。例えば、経済機構、政治機構、人権意識は、ほとんどユダヤ人が考え出したものです。

諸行無常的な良さは、現代の日本では、ほとんどなくなっているのです。そういうまじめな人生観が、全然なくなっているのです。

もっとも、王朝時代でも、諸行無常はありましたが、まじめに命を認識していたことにはならないのです。しかし、現在の日本人よりは、比較にならない程、まじめであったことは確かです。

なぜこんなことになってしまったのかと言いますと、般若心経が、宗教として取り扱われたからです。だから、まじめに命を考えなくなってしまったのです。

実際、現在の人間は、ただ生きているというだけで、何にもならないのです。

六千年の人間文明が、何をしてきたのか。喧嘩をしていただけです。絶えず争いをしてきたのです。

本質的な意味における文明の進歩は、何もないのです。人間存在の本質に関する進歩は、ないのです。生活の形が、便利になっただけのことです。こんな文明は、全く価値がないのです。

人間自身の本質に対する向上を考えない文明は、全く文明という名にふさわしくない、でたらめなものです。

5. 般若心経の精神

般若心経には、釈尊という人物の本当の精神状態がそのまま書かれているのです。法華経とか涅槃経、大無量寿経とは違います。阿弥陀経のようなものとは違うのです。般若心経には釈尊の本当の精神がそのまま現われているのです。

般若心経には観自在という言葉が初めから書かれているのです。観自在菩薩　行深般若波羅蜜多時　照見五蘊皆空と書いているのです。これは仏典の中で燦然と光った文字です。

般若心経は日本に千年以上前に伝わってきましたけれど、本当に般若心経が正しく説かれたことが一度もないのです。私たちが初めてこれをしているのです。般若心経がこういうものであるということを正しく説くだけではなくて、それを実行しているのです。

先に言いましたように、皆様がこの世に生まれた時には永遠の命を持っていたのですが、性欲を持ち始めてから、皆様の霊魂は地獄へ行かなければならないようになってしまったのです。これが白人文明の正体です。

皆様は性欲に従って生活していないでしょうか。性欲と食欲とによって生活していないでしょうか。性欲と食欲とによって生活して、皆様は自分自身の霊魂の本来の能力を自分で汚しているのです。

性欲というのは嘘です。食欲も嘘です。肉体生活という肉の思いによって、皆様は騙されているのです。

現代文明というものは人間を騙しているのです。皆様は現代文明で生きていますが、生きていて何になるのでしょうか。皆様は今のままで死んだらだめです。今のままで死んだらひどい目にあうのです。火葬場が待っているからです。火葬場の後には永遠に燃えている火があるのです。

現代文明に甘えて、皆様は性欲、食欲で生活していますが、性欲、食欲で生活しているということは、自分の魂を自分自身が泥まみれにしているのです。そういう人は必ず地獄の火で焼かれることになるのです。

皆様は生まれた時には地獄へ行く人格ではなかったのです。性欲と食欲には関係がなかったからです。ところが、大人になるに従って、食欲と性欲の虜になってしまったのです。

浄土真宗はナムアミダー、ナムアミダーと言いますから簡単でいいのですけれど、臨済宗は悟りということをやかましくいうのです。臨済義玄は中国の高僧で、人間の自性を悟ることをやかましく言ったのです。

臨済義玄は命を見ていませんから、般若波羅蜜多と言いましても、これを黙って受け取れというだけです。結局、臨済宗のお坊さんは何も分かっていない人が多いのです。

臨済宗では座って悟ることを言いますが、その悟りは臨済宗だけしか通用しない悟りです。他の宗派では通じません。日蓮宗ではもちろん通じません。世界中何処へ行っても通用することを言わなければいけないのです。

般若波羅多は何処へ行っても通用しなければならないはずのものです。

魂とは何かと言いますと、人が客観的に生きている状態をいうのです。自分が生きている状思を客観的に見るのです。

例えば、花を見てきれいだと思います。きれいだとは思いますが、きれいとはどういうことなのかということを考えるのです。きれいだということが自分の命にどのような影響があるのかということを直感的に考えるのです。それを自分の命にどのように受け止めればいいのかということを考えるのです。そうしたら、花の見方が芸術的になる、哲学的になるということは言えるでしょう。

欲望的に花を見ない。自分の感情によって花を見ない。冷静に冷静に見るのです。ここに霊魂と人間との違いがあるのです。

常識的に生きている人間は生活しているのです。霊魂は生活ではなくて、命をどのように生きるべきかを考えるのです。

霊魂は音を見るのです。これが観世音です。人間は音を聞くのです。観世音というのは音を見るのです。花がきれいだという花の姿を命として受け取るのです。これが霊魂の働きです。

食べる場合でも肉体的に食べないで、生命という角度から食べるのです。おいしいと感じることによって、自分の命にどういう関係があるのかということを考えるのです。これが芸術、哲学の中へ入っていくことです。

芸術とか哲学というものは、魂の目を開くための方法です。本当の信仰ではありませんけれど、芸術的、哲学的な方向は、魂の目を開くための道筋にはなるのです。

現世に生きているということは、人間が生活していることです。人間が生活しているということは、霊魂が死んでいることです。

人間という人格と、霊魂という人格は皆様の中に同居していますけれど、人間が生きていると考えている時には、霊魂は死んでいるのです。霊魂が生きていると考えている時には、人間は死んでいるのです。

現在の文明は人間が生きていることを熱心に主張しているのです。自分の権利があると考えている。自分がしたいことばかりをしたらいいと考えているのです。

人間主義です。人間本位です。自分本位、自我本位です。こういう考え方で生きているとしますと、皆様の魂は死んでいるのです。

現代人は霊魂が全然分かりません。日本人にも分かっていないのです。明治時代までには分かっていた人が相当いたようです。

明治時代の父親は、「生あるものは必ず死する。形あるものは必ず壊れる。覚えておけ」と子供に言ったのです。生あるものは必ず死するということを考えている人はたくさんいたのです。

今の父親にはこういうことを言う人がいないのです。これほど日本人は悪くなっているのです。文明開化した後の日本はこれほど悪くなっているのです。

文明が進歩するに従って、日本人は極端に悪くなったのです。これは学校教育のためです。学校教育は人間に知識ばかりを教えるのです。知性を発育させるのです。

知性ばかりを発育させると、霊魂が衰弱するのです。現在では霊魂は衰弱を通り越して死んでしまっているのです。だから、般若心経も聖書も分からないのです。しかし、分からないからと言って放っておいたらだめです。

分かるまで聞いてください。これが第一です。聞いてもよく分からないというのは、皆様が悪いのではなくて文明が悪いのです。現在の学校教育が悪いのです。学校教育によって人間の霊魂が殺されているからです。

人間の霊魂を殺したのは教育です。教育によって霊魂が殺されたのです。

織田信長が桶狭間の戦いに行く前に、「人間五十年　化天のうちをくらぶれば　夢幻の如くなり」という幸若舞敦盛の一節を舞ったと言われています。

当時このくらいのことは誰でも知っていたのです。今は五十才は元気盛んな時ですから、せいぜい性欲、食欲を用いようと考えるのです。やりたいことをやりたいだけしようと考えるのです。昔とは全く反対に考えているのです。

白人主義というのはこのくらい悪いのです。白人主義の学校教育が悪いのです。基本的人権という考え方、人権主義が徹底的に悪いのです。

般若心経は空じることを考えているのです。現世に生きている人間を空じることを教えているのです。現世に生きている人間は死んでしまうに決まっているのです。死んでしまうに決まっているのですから、死んでしまうに決まっている人間の気持ちを捨ててしまうのです。これを般若心経は言っているのです。

皆様が今生きている命は、必ず死ぬ命です。いくら惜しんでも必ず死ぬに決まっているのです。

私が何のために皆様にこういう話をしているのかと言いますと、人間の命は本当のことが分かりさえすれば、絶対に死なないということを申し上げているのです。

自分が今生きていることを客観的に掴まえることができますと、自分が死なないことがよく分かるのです。肉体は消耗品ですから古くなれば使えなくなります。服でも車でも、古くなったら使えなくなります。私の肉体もやがて使えなくなりますけれど、魂は古くなりません。永遠に使えるのです。

魂は肉体的なものではありませんから、消耗することはないのです。魂は古くなればなるほど上等になるのです。だから、生きている間に魂の勉強をする必要があるのです。このことを皆様に訴えているのです。教えてあげたいのです。

皆様が考えている命は死なねばならない命であることがよく分かっていながら、この命にしがみついているのです。これが危ないのです。死なねばならない命というのは、悪魔の命です。自分の命ではないのです。

皆様は悪魔の命を押しつけられているのです。このことを般若心経は五蘊皆空と言っているのです。おまえたちが持っている命は悪魔の命だから、それを捨ててしまえと言っているのです。

般若心経が言うように、死ぬべき命を捨ててしまうのです。そうすると、死なない霊魂が分かるのです。

今皆様は生きていますけれど、自分が生きているのではありません。皆様は霊魂の本質のおかげで生きているのです。ところが、自分が生きていると考えているのです。

自分が生きているという考えが最も悪い考えです。日本人は誰でも、百人が百人、千人が千人共、自分が生きていると考えているのです。これを否定しさえすれば死なない命が分かるのです。

私はこれを経験しているのです。経験しているから皆様に教えてあげたいのです。

死なない命はあるのです。素直な気持ちを持って頂いたらいいのです。これは宗教の話ではありません。般若心経は自分の気持ちを捨てなさいと言っているのです。これが五蘊皆空、色即是空です。究竟涅槃です。般若心経はこれが言いたいのです。

釈尊の悟りは、現世に生きている人間の気持ちを捨ててしまうことです。これが釈尊の悟りです。捨ててしまってどうするのかを教えるのが、イエス・キリストです。

イエスは、現世の命を捨ててしまうことができた者は、私の所へ来なさいと言っているのです。

現世の命を捨ててしまっただけではしょうがない。しょうがないので、イエス・キリストに行けばいいのです。私はそれをしているのです。

私は現世の命を捨ててしまいました。今生きているのはイエス・キリストの命であることがよく分かっています。これは私だけではありません。皆様はイエスと同じ命を持っているのです。それを自分の命だと思っているから、肉欲が根を張っているのです。

自分の命だと思う気持ちを捨ててしまってください。そうしたら、死なない命が分かるのです。これを皆様にお話ししたいのです。

今生きている人間の気持ちが間違っているのです。自分が生きているという人間の気持ちが間違っているのです。この気持ちは死ぬに決まっている気持ちです。

死ぬに決まっている人間の気持ちを信じないで、自分の気持ちを捨てて、般若心経がいう空を考えてください。自分の気持ちを捨てることができたら、イエスを信じることは何でもないのです。

聖書は命の文です。皆様が信じても信じなくても、聖書は命の文です。日本人は聖書を知らないのです。聖書を知らないのは気の毒な民族です。天皇とはどういうものか、聖書が分からないので、天皇制の意味が全く分からないのです。

日本の憲法に、「天皇は日本国の象徴であり、日本国民統合の象徴である」とあります。日本国の象徴であり、日本国民統合の象徴であると、二回書いています。日本の著名な憲法学者、法律学者、政治学者が分からないのです。日本国憲法の第一条は、聖書に根拠をおかないと成立しないのです。聖書を無視してしまいますと、日本の憲法第一条が成立しないのです。

皆様は日本人ですから、もう少し聖書を勉強して頂きたいのです。皆様が知っても知らなくても、聖書は命の原書です。聖書に頭を下げないでまかり通ると思ったら、大間違いです。

人が一度死ぬこと、死んだ後に神の裁きを受けることは定まっているのです（ヘブル人への手紙9・27）。神の裁きというのは聖書に書かれているとおりのことが実現するということです。

火の池が皆様の魂に実現するのです。仏教の言うようにはならないのです。仏典には霊魂の裁きが書いていないのです。死んでからどうなるのかという人間の魂の結末は、仏典では分かりません。命の文である聖書にしか書いていません。

皆様は現世に生きている間は、自分の命を持っています。自分が生きていると思って、何を信じようと信じまいと勝手だと思っています。これが現代文明の思想です。

現代文明の人間の思想というのは、生きている間しか通用しません。自分の思想で分かったとか分からないと言っていられるのは、目の玉が黒い間だけです。目の玉が白くなる、心臓が止まってしまいますと、厭でも聖書が言うとおりにしなければならないのです。

自分が生きているという考えは、皆様の目が黒い間だけしか通用しないのであって、心臓が止まったら、自分という人格、自分という思想が消えてしまうのです。

自分という思想、自分という人格がある間は、色々理屈をいうことができますけれど、自分という人格がなくなったら、皆様はどうするのでしょうか。これをよく考えて頂きたいのです。

皆様が今生きている命は、死なねばならないに決まっている命です。これは皆様はよくご承知のことです。これは百人が百人、千人が千人共、自分が死ななければならないことは十分に分かっています。その死なねばならない命に、皆様はかじりついているのです。

死なねばならないことが分かっていながら、その命にかじりついているのです。こういうばかなことをしているのです。

現在の学校教育はそういうことを教えているのです。死ぬための教育をしているのです。死なねばならない命にかじりつくことを教育するというのです。

現在の文明、教育は死なねばならない命にかじりつくことを教えているのです。これが教育だと言っているのです。

こういう文明をなぜ信じるのでしょうか。こういう教育をなぜ信じるのでしょうか。日本の教育は義務になっているのです。この意味で義務教育は大変悪い教育です。人間の魂が死なねばならないように教育しているからです。

勉強、勉強と言って、勉強すればするほど人間の魂は死んでしまうのです。文明はこういう愚かなことをしているのです。

文明のために皆様の魂は殺されている。このことに皆様は全く気がついていないのです。皆様を殺すのは現代文明です。このことに対して、皆様は一向に無関心です。皆様を殺すのは現代文明です。文明は人殺しをしているのです。これをユダヤ主義というのです。

文明はユダヤ主義の生活観念であって、皆様はユダヤ人の犠牲になって殺されているのです。文明の正体をはっきり言いますと、人間の霊魂を殺すことを目的にしているのです。

皆様は死なねばならないことが分かっていながら、その命にかじりついているのです。こういうばかなことをやめて頂きたいのです。

皆様の魂は必ず死んでしまいます。死んだら必ず地獄へ行くのです。文明に従って生きていれば、必ず死ぬに決まっているのです。人間文明は神に逆らっているのです。人間文明はユダヤ主義であって、ユダヤ主義は神に逆らっているのです。神に反逆しているのです。

人権、人権と言って人間を尊重する結果、神をばかにしているのです。その結果、命が分からなくなっているのです。般若波羅蜜多が全く分からない人間になっているのです。だから、今の日本人は命のことは何も分かりません。

現代教育のためにこういう人間になってしまったのです。政治が悪いからこうなっているのですが、今さら政治が悪いと言っても仕方がないのです。政治が悪い、教育が悪いと言っても、結局皆様一人ひとりが責任を背負わなければならないことになるのです。

皆様が現世を去っていく時に、政治家はその責任を負ってくれないのです。自民党や立憲民主党、国民民主党が皆様の責任を負ってくれるのではないのです。

政治家は現世に皆様がいる間の面倒は見てくれますが、人生は現世にいる間だけのものとは違うのです。人間の本性は魂であって、魂が分からないのです。仏教には一万七千六百巻という膨大な経典がありますが、その中に魂という字が一字もないのです。

大乗仏教の中には魂という字が一字もないのです。般若心経は二百七十六文字ありますけれど、この中に魂という文字は一字もありません。なぜかと言いますと、般若心経そのものが魂の説明をしているからです。魂のことばかりを言っているのです。

6. 般若波羅蜜多

魂とは何か。般若波羅蜜多ということが魂のことです。五蘊皆空とか、色即是空、空即是色、究竟涅槃という言葉が全部魂の説明になっているのです。だから、魂という言葉を用いなければならない必要がないのです。

大乗仏教そのものが魂の説明をしているのです。大乗仏教には大無量寿経とか仏説阿弥陀経、法華経、涅槃経、法句経、阿含経、維摩経、華厳経などたくさんありますが、皆魂の説明をしているのです。

帰命無量寿如来という言葉は、魂の本当のことを言おうとしているのです。阿弥陀如来という言葉は、魂の本質、本性を言っているのです。これを阿弥陀如来というのです。

人間が生まれる前から持っている本具の自性があります。これは生まれる前からのもの、先天性です。人間は生まれる前に神と一緒に住んでいました。お天道さんと一緒にいたのです。

人間は誰でもお天道さんのことを知っているのです。皆様はお天道さんと一緒にいたのです。そうして、この世に生まれてきたのです。だから、お天道さんのことは言われなくてもよく知っているのです。

男と女のこともよく知っているでしょう。男と女のことをよく知っているように、お天道さんのことをよく知っているのです。性とか食という問題、人間の五官の本質は、すべて生まれる前の人間の命のあり方として知っているのです。

生まれる前の人間の命のあり方が、現在肉体となって現われているのです。このことを魂というのです。魂の本質は生まれる前の前世にあったことです。生まれる前にお天道さんと一緒に生きていた状態が魂です。

これが分からないのは、学校教育が皆様をそのようにしてしまったからです。

皆様がこの世に生まれてきた時には、今私が述べたことは皆知っていたのです。ところが、学校へ行った結果、だんだんと分からない状態にされてしまったのです。これが教育の極悪非道の実体です。

日本の明治政府は大変悪いことをしたのです。文明開化という名によって、西洋文明を鵜呑みにしてしまったのです。そのために、ユダヤ主義の悪さが日本へ流れ込んでしまって、日本本来の良さが全くなくなってしまったのです。魂が全く分からなくなってしまったのです。

現代文明のために魂が殺されてしまったのです。般若心経を正しく読むと魂のことが分かるのです。

般若心経は魂の説明をしているのですから、般若心経が分からない人は、自分の魂が分からない人です。

般若心経は難しいことではありません。皆様が現実に生きている本当の姿が般若心経に書いてあるのです。人間のありのままの状態が般若心経に出ているのです。色即是空、空即是色は現実に生きている皆様のあり方を示しているのです。

空とは何か。あると思えばある。ないと思えばないということを空というのです。皆様の命はあると思えばある。ないと思えばないのです。行く末が分からない。だから、皆様の命は空なのです。

肉体はあると思えばある。ないと思えばないのです。心臓が止まったら肉体は消えてしまうのです。人間の生活はあると思えばある。ないと思えばないのです。これを空というのです。般若心経はこのことを言っているのです。このような状態で生きている人間の在り方を魂というのです。

こういうことは昔の人はよく知っていたのです。昔の親は、「生あるものは必ず死する。形あるものは必ず滅する」と子供に言ったのです。このように考えるのが日本人には当たり前でした。今こういうことを子供にいう親はいないのです。昔と今とでは人間が全く変わってしまっているのです。明治以前と現在とでは人間の考え方が激変してしまったのです。日本人はそれだけ悪くなったのです。ユダヤ主義、白人主義的に悪くなっているのです。

だから、現代の日本には魂のボランティアがどうしてもいるのです。魂の手引きをするもの、魂の盲導犬がどうしてもいるのです。皆様の魂は盲目状態ですから、私が盲導犬になって皆様を死なない命へ手引きしようとしているのです。死なない命の方へ黙って引っ張って行ってあげようとしているのです。

私は絶対に死なない命、とこしえの命を掴まえる方法を教えてあげたいと思っているのです。死なない命は死なないという論拠がなければならないのです。まず基本的にお話ししたいことは、皆様が今生きている歴史的事実は、キリスト紀元の二〇二〇年であるということです。これをまず理解して頂きたいのです。

キリスト紀元というのは、イエス・キリストが復活したことによって、人間が死ぬべきものではなくなったことを意味しているのです。そこで、人類の新しい紀元をキリストに設定したのです。

キリストの人生を人間歴史の基礎に設定した。これが西暦紀元の原理になっているのです。人間が死ななくなってから、キリスト紀元になってから、既に二〇二〇年になっている。キリスト紀元を素朴に信じれば、二〇二〇年であるという客観的事実は宗教ではなくて、人間歴史の事実になるのです。

これを素朴に信じればいいのです。私たちは死なないものとして歴史が認めているからです。ところが、人間は死ななければならないものとして、勝手に思い込んでいるのです。

日本人は令和二年の方を信じている人が多いのですが、この考え方こそ嘘です。全く嘘です。こういう嘘を信じて本当の西暦紀元を信じようとしないことは間違っているのです。こういう国民的な虚偽を排斥する必要があるのです。

世界的な歴史の実体を信じるのです。キリスト紀元というものの正体は、人間が死なななくなったという事実によってできているのだということを、まず信じて頂きたいのです。

皆様が鼻から息を出し入れしているという自然現象は、そのまま地球上における生物全体の生命現象と同じものです。

生物全体の生命現象というのは、死なない命のことです。死ぬのは人間だけです。もちろん動物も植物も、朽ち果てて枯れていきますが、死ぬのではなくて、新陳代謝するだけのことです。獣や虫は命が新陳代謝するだけのことであって、死ぬのではありません。魂を持っていませんから、死なないのです。

人間は確実に死ぬのです。霊魂を持っている人間は、死なねばならないのです。人間は生物現象の命を肉体的に経験していますけれど、肉体的に経験しているこの命を、現代教育を離れて素朴に命を直感して頂きたい。そうすると、自然現象の命が分かってきます。

これが神に生かされている命です。神を生きている命です。

人間は時間的に生きています。地球が自転公転している時間が、そのまま私たちの心臓が動いている時間になっているのです。これは行き詰まりがない時間です。時間的にも空間的にも人間の命は死ぬべき命ではないのです。

歴史的にも、時間的、空間的にも、人間は死ぬべき命ではない命を生きているのです。

現在、人間が考えている常識を捨てるのです。肉の思いを捨てるのです。これをすればいいのです。これだけでいいのです。

二〇二〇年というキリスト紀元を信じるのです。イエス・キリストが甦ったという事実を信じるのです。これだけでいいのです。日本人はイエス・キリストという肝心要の命の本質が分からないのであって、日本人自身が未開の野蛮人を意味するのです。

日本人は日本の国体が分からない。分からないのに国体を信じているのです。憲法第一条の精神を、日本人は全然知らないのです。天皇は国民統合の象徴であるとありますが、これが何のことか分からないのです。

国民統合の象徴というのは一体何のことでしょうか。憲法第一条の意味が分かっていないのです。日本人でありながら、天皇制が全然分かっていないのです。自分の命をよく知る必要があるのです。そうしたら、天皇制の問題も、キリスト紀元の問題も本当に分かってくるのです。そうすれば、今生きている命が死なない命であることを、はっきり認識することができるのです。

そのためには、時間を重ねて勉強する必要があるのです。今の日本人は甚だ不勉強です。本当の魂の知恵が全くないのです。

学校教育のために、日本人の精神状態はめちゃくちゃにされているのです。だから、もう一度やり直さなければならないのです。そのためには、般若心経と聖書の勉強を真剣にするしか方法がないのです。だから、根気よく聖書の勉強をして頂きたいのです。聖書の勉強を根気よくすれば、生ける誠の神によって、死なない命を明々白々に教えてもらうことができるのです。

般若心経は日本には千年以前も前からありますが、日本人は本当の空ということが分からないままの状態です。だから、般若心経の真実というものは、未だかつて説かれたことがないのです。

親鸞上人がもし般若心経を本当に知っていたのなら、セックスの問題であれほど苦しむことはなかったと思われるのです。一流一派の偉い人でも、般若心経の本当の精神を心得ていた人は日本にはいなかったのです。世界でもいなかったと思われるのです。恐らく釈尊一人であったと言えるのです。

なぜかと言いますと、般若心経の空を本当に知るためには実が分からなければならないのです。

本当の空を知るためには、実が分からなければならないのです。空というのはないことです。実はあることとです。空を説く以上は「ある」を説かなければならないのです。

「ある」とはどういうことか。何があるのか。時間があるとはどういうことか。空間があるとはどういうことか。人間があるとはどういうことか。

「ある」ということの本当の説明ができなければ、「ない」ということの説明ができないのです。

日本の仏教にはあるということの本当の説明がありません。釈尊の本当の悟りは、現世は空だという悟りです。彼は明けの明星を見たことによって、空を悟ったのです。

明けの明星を見たことによって、これが本当の実だということが釈尊に分かったのです。明けの明星はやがて太陽が現われる直前の現象です。

釈尊が明けの明星を見たということは、やがて太陽が現われることを悟ったのです。太陽というのは来るべき新しい世界を示しているのです。そこで、今までのすべての世界は空だということを達見したのです。

ところが、日本の仏教家は、日蓮も法然、道元、親鸞、弘法大師も本当の空を言い切った人は一人もないのです。

釈尊は明けの明星を見たことによって、本当の空を言い切っています。ところが、日本の仏教家に本当の空を言い切った人がいないのです。

ある人は三部経を言い、ある人は他力本願を言っています。ある人は法華経を説いている。そういう説き方も間違っているとは言えないかもしれませんが、それはその人の宗教です。日蓮は日蓮の宗教を説いたのです。法然は法然、親鸞は親鸞の宗教を説いたのです。しかし、これは釈尊の本当の悟りではありません。

釈尊の本当の悟りは日本にはないのです。釈尊の悟りに一番近いのが般若心経です。般若心経は空を説いているのです。しかし、空と言っていますけれど、実がないのです。究竟涅槃と言っていますけれど、これは実ではないのです。

般若心経では、涅槃は実だと言っている人もいますけれど、涅槃というのは一切の妄念を空じることを言っているのです。これはやはり空です。

実の説明が般若心経ではできていません。だから、キリスト教ではない聖書、神の言葉である聖書を勉強しなければ、本当の実の説明はできないのです。

日本ではキリスト教ではない聖書を説いた人は、私たち以外にはなかったのです。アメリカでもイギリスでも、キリスト教ではない聖書を説いた人は一人もいなかったのです。ドイツでもフランスでもいないのです。

キリスト教は宗教ですからだめです。聖書は宗教ではありません。イエス・キリストが復活したという事実を書いているのです。西暦紀元というものの根底が、イエス・キリストの甦りになっているのです。

現在の歴史の実体が、イエス・キリストの甦りになっているのです。これが燦然と輝いているのです。ところが、全世界の人間はイエス・キリストの甦りのことを全く知らないのです。

皆様もよく知らないでしょう。皆様は歴史の実体を信じていないのです。今年が二〇二〇年であることを知っていながら、歴史の実体を全く信用していません。これが現代教育の結果です。

白人文明がイエス・キリストの復活という事実を全く隠してしまったのです。こういうばかなことを平気でしているのです。こういう意味で現代文明は全くインチキそのものです。人間文明の根本精神は全くインチキです。ありもしないことをあると言っているからです。

イエス・キリストの復活を紀元元年としていながら、キリストの復活が歴史的事実として捉えられていないのです。

やがて、キリストの復活という事実が歴史的実体となってこの世に現われます。その前に現在の世界はめちゃくちゃになるでしょう。東欧やロシアで共産主義の国家が潰れました。やがて資本主義、民主主義国家が潰されるでしょう。民主主義、自由主義、資本主義が破綻するのです。

全世界の文明が収拾できないものになり、世界全体が大混乱に陥るでしょう。その時、キリストの復活という大問題が地球上に現われるのです。

人間文明はキリストの復活を知っていながら、それを取り上げていないのです。キリストを西暦の基礎に用いていながら、キリストを信じようとしていなかった。こういうインチキな文明は、根本的に粉砕されるに決まっているのです。

文明の根本精神がインチキです。これは根底から潰れるのです。日本の社会、世界の文明の根底は、そういう脆弱なものです。インチキなものです。

人間文明は大崩壊するでしょう。その時に、イエス・キリストの復活が歴史の実体になるのです。今はキリストの復活は歴史の名目になっていますが、やがて歴史の実体になって現われるのです。これが王国時代です。

世界の歴史が根底から変わってしまうのです。今までの文明は根本的に破壊されます。ユダヤ主義が根本的に撲滅されるのです。今までの教育、今までの政治は根本的に破壊されます。そうして、神による全く新しい文明が始まるのです。これがキリスト千年王国時代です。

その時には、キリストの復活が歴史の実体になるのです。皆様はそれまでに目を覚まして頂きたいのです。それまでに目を覚ました人は救われるのです。目を覚まさない人は全部滅ぼされるのです。

今、世界の文明は完全に行き詰っています。インチキな文明、神に逆らっている文明、ユダヤ主義の文明は、根本的に粉砕されるのです。このことをよくご承知頂きたいのです。

まず皆様によく考えて頂きたいことは、人間の知識、常識には目的がないということです。現在、皆様は生きていますが、目的を持っていないでしょう。

生活目的はあります。子供を大学へ入れるとか、家を建てるとか、貯金をするという目的はあります。これは単なる生活目的です。目の前の目的です。

生活計画としての目的はありますけれど、皆様の人生の目的がありません。人間は人生の目的を持たずに生きているのです。世間の人が皆そういう生き方をしているので、それが当たり前だと思っているのです。そのように、学校教育が仕向けているのです。世間並の教育を受けて、世間並に生活していればいい。世間並の感覚を持って生きているのが当たり前だと思っているのです。だから、人生の目的を持たないままで生きていながら、それが悪いことだと思えないのが、現代人の非常に悪い点です。

7. 死なない命

死なない命はあるのです。その証拠に人間は死にたくないと思うのです。人間の望みはどんなものであっても、それが実現可能であるから起きるのです。例えば、鳥のように空を自由に飛んでみたいという希望が飛行機やヘリコプターの発明になって実現しました。ポケットの中に入れた小型の機械で、世界中の人々と話したいという希望が、携帯電話になって実現しました。大規模なデータを短時間で処理したり、膨大な計算を瞬時に行いたいという人間の願望が、コンピューターの実現になったのです。

かつて、月へ行ってみたいと考えた人がいました。月に人間がいくことは絶対にありえないという人がいたにも関わらず、アメリカのアポロ宇宙船が月面上陸に成功しました。月へ行ってみたいと思った人はそれほど多くはなかったはずですが、それでも実現しました。死にたくないと思う人はどのくらいいるか。現在世界の人口は七十七億人いると言われていますけれど、死にたくないと考える人は、七十六億人以上でしょう。こんなに多くの人が死にたくないと考えるなら、死なない方法が必ずあるに違いないのです。私はこれを真剣に考えたのです。死にたくないというのは、死ななくてもよい方法があるから起こってくるのです。

生まれてきたと言います。何処かから来たのです。前世があって現在があるのです。現在があって死後があるのです。前世と現世と来世の全体をひっくるめて人生というのです。

イエスは、「あなたがたの目が正しく働いているなら、全身が明るくなる」と言っているのです（マタイによる福音書6・22）。イエスは十字架につけられて殺されても、三日目に甦ると預言しているのです。また、「私は何処から来て、何処へ行くかを知っている」と言っているのです（同5・17、18）。

現世だけが人生ではないのです。キリスト教と仏教は一つにはなりません。しかし、命という観点から考えますと、東洋人も西洋人も同じです。命に宗教はいらないのです。

命の勉強をするのです。私たちに必要なものは命そのものであって、命の目を開くことです。哲学や宗教は人間が造った理屈です。

カトリックはカトリックの教義を説いているのです。プロテスタントはプロテスタントの教義を説いているのです。浄土真宗は親鸞上人の教えを説いているのです。日蓮宗は日蓮上人の教えを説いているのです。

教えはすべて人間が造ったものです。宗教が好きな人は信じたらいいのです。死んだら宗教が本当であったかどうかがすぐに分かるのです。

私たちに必要なものは、今心臓が動いているということです。目が見えるということです。もし皆様の目が命に従って正しく働いていたら、全身が明るいのです。

皆様の五官の原理は、生まれる前から来ているのです。砂糖をなめて甘いと感じるのは、生まれる前からの感覚によるのです。これが本当の命です。この命が分かれば死なない命が分かるのです。

皆様はせっかくこの世に生まれてきたのですから、命の勉強をして頂きたいのです。宗教の勉強をしてもだめです。三十年、四十年宗教の勉強をしても救われたという実感はありません。ただ救われたと思いたいから、救われたと勝手に思っているだけです。

今の人間は学問を勝手に信用しています。例えば、自然科学は間違っていませんけれど、スケールが小さいのです。自然科学は自然を対象にしていますけれど、その自然は人間の意識で把握できる自然だけを考えているのです。

例えば、素朴実在という考え方がありますけれど、目に見えるものがそのとおりにあると思うのです。

皆様の常識では人間の肉体に重量があると考えていますけれど、肉体に重量はないのです。地球に引力がありまして、引力に対する抵抗が重量として計量されているのです。

常識的には人間の肉体には目方があるのですが、科学的に言いますと目方はないのです。その証拠に、皆様はテレビの宇宙中継でご覧になったと思いますが、宇宙ステーションの中にいる人は皆浮いています。七十キロの体重があると思っている人、百キロの体重があると思っている人、百五十キロの体重があると思っている人も皆浮いているのです。もし人間に固有の体重があるのなら浮いているはずがないのです。

理論物理学で考えますと、物質は存在していないのです。物質とか物体は存在していないのです。ところが、解析するという科学から考えますと、物質がなければ解析できないのです。一体、科学は物質があると考えるのが科学なのか、物質がないと考えるのが科学なのか、どちらなのかということです。

自然科学はどこまでもアイデアです。原理を把握していないのです。地球が存在する原理を把握していないのです。地球がなぜ存在するのか。なぜ存在しなければならないのかという原理を、科学は捉えていないのです。

人間はありもしない物体をあると考えていますけれど、これはどういう心理作用なのかということです。

物理学者は大学では物質はないと学生に教えているが、家に帰ると、食卓や食事があるような気がするというのです。どちらの自分が本当の自分なのか分からない。学というのはそういうものです。

学者は学校では物質がないことを学生に教えていながら、物質があるという気持ちで生活している。人間は心理的に二重人格になっているのです。

現在の学問は何のためにあるのか。政治学、経済学は人間が生活するためにあるのです。これは生活の知恵です。学問は人間が何のために生きているのかという説明を全くしないのです。

科学にははっきりした目的がありません。政治学にも目的がないのです。何のために日本が存在しなければならないのかという国家目的がはっきりしていないのです。

近代文明はユダヤ人が造ったもので、人類はユダヤ人のトリックに引っかかっているのです。近代学というアイデアを造ったのはユダヤ人でありまして、ユダヤ主義が世界全体を覆っているのです。

近代も古代もどちらも原理的にはっきりしたことが分かっていないのです。何のために人間文明があるのか。何のために人間が生きているのか。何のために人間がこの世に出てきたのか。こういうことに対して学問は一切答えることができないのです。従って、人間はどのように生きたらいいのかという目的を説明することができないのです。

文明には目的がないのです。だから、こういうものを信じることが間違っているのです。神、キリスト、命がはっきり分かれば、すべてが明らかになるのです。釈尊が見た明けの明星は、復活したキリストを見たのです。だから、今人間が生きている社会が空であることが分かったのです。

新約聖書のヨハネの黙示録の中で、イエスが、「私は輝く明けの明星である」と言っているのです（22・16）。釈尊はこのイエス・キリストを見たのです。人間歴史にはこういう秘密の世界があるのです。

本当の人間の霊魂の世界は、宗教で言うようないいかげんなものではないのです。皆様は甘いものを食べて甘いと感じます。甘いとは一体何なのか。おいしいものを食べたらなぜおいしいと感じるのか。おいしいとはどういうことなのか。五官の感覚は霊魂に何を教えているのか。

命と五官と魂はどういう関係にあるのか。こういうことが分かると、初めて神という実体が分かるのです。

文明は信用できません。日本の文明だけではない。全世界の文明が今壊れようとしているのです。破壊されようとしているのです。文明の根本原理が間違っているからそういうことになるのです。

人間は死なねばならないことが分かっているのです。死なねばならないことが分かっていながら、なぜ死なねばならないのかということを考えないのかと言いたいのです。

死なねばならないことは仕方がないこととして、それに対して何か手を打たなければならないはずだということが、考えられなければならないのですが、考えようとしないのです。

これを考えようとしたら、普通の人間の考えではだめです。ただ聖書の勉強をしているだけではだめです。

本当に死を乗り越えるということは、頭で聖書の勉強をするくらいのことではだめです。皆様の聖書の勉強はやや本格的になりつつあるのですけれど、まだ霊魂の底に届く所まで行っていないようです。皆様の質問の内容がそうなっているのです。

皆様は自分自身の命のどん底を見つめていないようです。うわついた考えで勉強しているのです。もっともっと真面目に考えて頂きたいのです。死ぬということをもっと真剣に考えて頂きたいのです。

死ぬということを真面目に考えたら、上調子ではいられないのです。神は皆様の現在の状態を非常に重視しているのです。ですから、何とか皆様をもう少し引き上げて、本物にしてやろうという神の御心があることはよく分かるのです。しかし、皆様の現在の状態ではまだだめです。

まだ皆様は本気になっていません。世間並の人間から見れば、格段の相違です。世間並の人間が悪すぎるのです。

天皇制の問題について、日本人は真面目に考えようとしないのです。天の皇《すめら》とはどういうものなのか。日本の天皇制は日本だけで言っているのであって、白人社会にも通用するのであろうかと考える人がいますけれど、白人社会にも通用するのです。

エンペラー（emperor）という言葉が英語にありますから、これは白人社会にも通用するに決まっている言葉です。

日本の国柄は大変なものです。皆様がもっと真面目に考えれば分かるのです。

聖書に次のようにあります。

「ちょうど、稲妻が東から西にひらめき渡るように、人の子も現われるであろう。

その時、人の子のしるしが天に現われるであろう。またその時、地のすべての民族は嘆き、そして、力と大いなる栄光とをもって、人の子が天の雲に乗って来るのを、人々は見るであろう。

いちじくの木からこの譬を学びなさい。その枝が柔らかになり、葉が出るようになると、夏の近いことが分かる」（マタイによる福音書24・27、30、31）。

いちじくの木というのはユダヤ人のことです。いちじくは花が咲かずに実を結ぶのです。花が咲かずに実を結ぶのは、もう一つ蓮があります。蓮といちじくは普通の植物ではないのです。蓮の方は仏法が取り上げている。いちじくは聖書が取り上げているのです。

聖書ではいちじくはユダヤ人の代名詞になっているのです。いちじくの枝が柔らかくなって葉が出るようになると、夏が近いと言っているのです。

これは現代文明が潰れてしまって、地球が完成することを示しているのです。地球に本当の文明が現われるのです。従って、現代の文明が潰れてしまうことを予告しているのです。

現代の文明は跡形もなく潰れてしまいます。

現代文明は一種のファンデーションです。現代文明は本当の文明の前に現われているファンデーションです。

地球にはまだ本当の文明が現われたことがないのです。機関銃や大砲、核兵器で国を守らなければならないような文明、駆け引きしながら外交をしなければならないような文明、領土問題で争わなければならない政治、核兵器廃絶ができないような文明は、本当の文明ではないのです。建て前と本音を使い分けしなければ商売ができないというのは、本当の商売とは言えないのです。

お互いに偽りの外交をしているのです。現在の文明では人間の真心が通用しないのです。正直が通用しないのです。こういう文明を造っているのがユダヤ人ですが、ユダヤ人が真人間ではないからこういう文明になっているのです。

8. 死んでいく自分を逆手に取る

現在皆様には、死んでいく自分が与えられています。だから、皆様は絶対に死んでいくと固く、硬く思い込んでいるのです。死んでいく自分を逆手に取って、これを利用したらいいのです。自分自身の人生が死んでいくに決まっているとしたら、今生きていることは、やがて消えるに決まっているのです。やがて消えるに決まっているということは、今生きていることが夢であることになるのです。

死んでしまうに決まっている命を逆に利用するのです。死んでしまうに決まっている自分をこき使ったらいいのです。そうすると、今生きていることが夢であることがはっきり分かるのです。今生きている自分の意識を信じる必要がなくなるのです。

今私が生きていることを有難いと思ったとしても、有難いと思うことが夢ですから、有難いと思うこと自体がばからしいことです。

このように肉の思いを逆に利用しますと、霊の思いが分かってくるのです。これをして頂きたいのです。

死ぬに決まっている命、やがて消えるに決まっている夢は本当の自分ではないのです。人間は現象感覚、生活感覚で夢を見ているのです。これを聖書は肉の思いと言っているのです。肉の思いは死であるということは、肉の思いにこだわっていると、必ず死ぬということです。

皆様は、このことをよくご存知でしょう。今のままで生きていたら必ず死ぬということは分かっているでしょう。これを逆手に利用するのです。そうすると、死んでしまうに決まっている。自分を自分だと思うことは、ばからしいことだということになるのです。そうして、もう一つ別の自分を見つけようという考えを持って頂きたいのです。

人間は自分が死ぬに決まっていることが分かっていながら、死ぬに決まっている自分の気持ちに引きずられていることになっているのです。なぜこんなばかなことを人間はするのでしょうか。

死ぬに決まっている自分の気持ちに自分がついていくのです。こんなことをする必要がないのです。

なぜこんなばかなことをするのかと言いますと、皆様は生活のことを見過ぎているからです。生活している自分を見過ぎていますと、死んでしまう自分が自分の本体になってしまうのです。これがユダヤ人のトリックです。

ユダヤ人は現世における自分を自分だと思い込んでしまったのです。現世に生きている自分は生活している自分です。生活している自分を自分だと思い込んでしまって、そういう思想を全世界に流したのです。これがユダヤ人の悪い癖です。これが全世界に広がっているのです。

その結果、全世界の人間は全部ユダヤ主義になってしまったのです。私はユダヤ主義と喧嘩しているのです。皆様の中にもユダヤ主義があるのです。皆様は生活が一番大事だと考えています。これが生活主義です。生活主義というのはユダヤ主義のことです。

ユダヤ人は現世に生きている自分しか認めようとしないのです。これが人権主義です。学問主義です。宗教主義、享楽主義です。この四つの主義が文明になって現われているのです。

享楽、宗教、学問、人権という四つの柱が、現在の世界の人間を引きずり回しているのです。これは全部ユダヤ人の発明です。ひどいことをしているのです。

これを叩き壊さなければいけないのです。日本からどうしても新しい聖書の見方を発動しなければならないのです。カトリックでもない、プロテスタントでもない、全く別の新しい見方が必要です。

カトリックもプロテスタントも、広い意味でユダヤ教の中に入るのです。私たちはユダヤ教の悪さから逃れなければいけないのです。これが本当のイエスの言葉です。

今の文明は完全に行き詰っています。政治的にも、経済的にも、社会的にも学問的、生活的にも完全に行き詰っているのです。

行き詰った文明の活路を見い出すとしたら、イエスを見直すことしかないのです。イエスは何かと言いますと、本当の皆様のことです。

人間が霊的に生きていることがイエスです。これがもう一人の自分、本当の自分です。皆様が現在自分だと思っているのは、ユダヤ教的な自分です。現世主義、生活主義の自分はユダヤ主義の自分です。

生活主義は全部ユダヤ教的なものです。生命主義がイエスです。世界にはこの二つの生き方しかないのです。ごちゃごちゃとたくさんの学問、教えがあるように見えますが、煎じ詰めたら生活か命のどちらかになるのです。

どちらかを選択したらいいのです。複雑に考えることをやめて、生活か命かどちらが大切なのかを決めたらいいのです。

イエスが分かりますと、家族とはどういうものかが分かってくるのです。イエスとは霊なる自分のことです。聖書に、「彼を受けいれた者、すなわち、その名を信じた人々には、彼は神の子となる力を与えたのである」とあります（ヨハネによる福音書1・12）。

イエスを受けるのです。イエスをレシーブ（receive）するのです。これはイエスの名を受け取ることです。イエスという名前が死なない命を意味するのです。実は皆様の本体がイエスです。世間並に通用する自分と、神にだけしか通用しない自分と両方あるのです。

世間並に通用する自分というのは、やがてこの世を去る自分です。こんなものに未練たらしくしがみついていてもしょうがないのです。

主観的に生きている自分は死ぬ自分です。世間の常識、知識で生きている自分は死んでいく自分です。客観的に大自然の命によって生かされている自分は、絶対に死なない自分です。宇宙の命は死なない命ですから、この命によって生かされている人は死なないのです。

生活的な自分は死ぬに決まっている自分です。神に通用する自分は、死なないに決まっている自分です。これはイエスの復活によって証明されているのです。

イエスをもう一度見直すのです。文明を新しくする方法はこれしかないのです。ナザレのイエスをもう一度見直すことです。そうすると、老子も孔子も、釈迦も皆生きてくるのです。イエスを見失うと、老子も孔子も、マホメットも皆死んでしまうのです。老子、孔子、マホメット、釈迦は、イエスのある断片を説いているのです。

命は現世に生きているいのち、生活している人間の命です。人間の命はやがて死んでしまうものです。生は現世だけの命とは違います。生活とは死なない命を生きていることをいうのです。ところが、現在の人間は死なない命を生きていない。だから、生活ではなくて命活というべきです。

今の人間は現世に生きるために働いているのです。ところが、日本語では命活とは言わずに生活と言っているのです。ここが日本語の優れたところです。

生というのは人間のリビング（living）の本質を指しているのです。リビングの本質は神そのものです。いつも申し上げているように、皆様の心臓が動いていることが神です。心臓が動いているというプラスのエネルギーの本質が生です。

命はプラスとマイナスが均等に働いている状態をいうのです。純粋のプラスのエネルギーだけではありません。

生

生というのは人間のリビングの本質です。例えば、目が見えること、耳が聞こえることの本質です。これがイエスという言葉になっているのです。イエスという固有名詞になるのです。これがカトリックでいうイエー・ズー・スーということです。カトリックはイエー・ズー・スーと言っていながら、その説明ができないのです。

イエー・ズー・スーというのは、神のいのちの実体がそのまま自分になっているという意味です。これが皆様の本体です。皆様の生です。これがリビング・ソールの実体です。生きている霊魂の実体です。

生きている霊魂の本体は生です。生そのものです。生を生かすことが生活です。だから、聖書の勉強をすることが本当の生活です。

ところが、現在の人間はリビングの本質を考えないで、肉体的に生きている自分が生活していることだけを考えているのです。肉体的な自分が料理を作る。洗濯をする。会社へ行って働いていると言っているのです。これは命活の方です。生活しているとは言えないのです。命を保つために生きているのですから命活しているのです。

料理を作る。家事をする。会社で働くというその能力は、生の本質が働いているのです。生の本質がなければ料理はできないのです。もちろん会社で仕事はできません。

生の本質は何かというと、ザ・ネーム・オブ・ゴッド（the name of God）というのです。

これがロゴスです。理性の本源はロゴスです。ロゴスは神です。

私たちが生きていることがリビングであって、リビングが神の実体です。神が分からないという人がいますが、神が分からないということは、自分が生きていることが分からないのです。生きていることの実質が分からない人は、地獄へ行くしかないのです。だから、生きていることの実体を、どうしても掴まえなければならないのです。これを掴まえたら死ぬことがなくなるのです。死ななくなるのです。

こういう聖書の見方は世界中で何処にもないのです。本当のイエスの見方、イエスの復活の捉え方が、現在のキリスト教にはありません。それを本当に経験している人はいません。

それによく似たような理屈をいう人はいるかもしれませんが、本当に経験している人はいないのです。なぜかと言いますと、般若心経が分からないからです。

日本人の場合には、般若心経と聖書を両方勉強しないとどうしても分からないのです。聖書がなければ、般若心経は分かりません。また、般若心経がなければ聖書は分からないのです。両者には不思議な関係があるのです。

聖書が分からない人は般若心経の実体が分からないのです。般若心経の空は何処から来ているのかと言いますと、明けの明星を見ている思想から来ているのです。

釈尊が明けの明星を見た。そこで一切空を悟ったのです。

明けの明星というのは、イエス・キリストのことです。明けの明星を見ない人は、本当の空が分からないのです。だから、仏教の人々には空が分からないのです。

釈尊は明けの明星を見ました。イエス・キリストを見たのです。新約聖書ヨハネの黙示録の中で、復活したイエス自身が、「私は輝く明けの明星である」と、堂々と言っているのです（22・16）。明星という格好でイエス・キリストを見たのです。だから、釈尊の空は本当の空です。

今の禅宗のお坊さんの空はだめです。明けの明星を見ていないからです。神は日本から新しい光を世界に発信しようとしているのです。私はそのための神の使いになっているのです。

聖書を正しく見ようと思ったら、どうしても般若心経を理解しないといけないのです。般若心経を正しく見ようと思ったら、明けの明星が分からなかったらだめです。

ですから、日本人でなかったら本当の聖書の見方ができないのです。般若心経を真面目に勉強しようとしている人は、今のところ日本人だけです。日本人以外に般若心経の勉強をする民族はいないのです。外国にも、個人として一人や二人はいるかもしれませんが、民族として般若心経を愛好しているのは日本人だけです。

行き詰った文明を打開する方法は、ナザレのイエスを再発見するしかありません。これ以外の方法では、世界に新しい光を与えることはできません。

ナザレのイエスを再発見することなら、共産主義社会でも通用しますし、欧米社会にも通用するのです。ユダヤ人も結局頭を下げなければならないことになるのです。皆様も頭を下げることになるのです。

皆様は自我意識という兜を被っているのです。だから、死ぬのです。自我意識という兜を脱げば死なないのです。皆様は明日をも知れない命に生きているのです。だから、そのうちにとのんびり言っていることはできないのです。

今まで皆様が自分だと考えていたのは、世間並に通用する固有名詞の自分です。これは死ぬに決まっているのです。死ぬに決まっている自分が冠になっているのです。だから、イエスという人を被ったらいいのです。

イエスを被るのは帽子を被る要領でいいのです。帽子を被るのは苦手という人がいますが、自分で被りこなすという気持ちがあればできるのです。帽子を意識しないで、帽子をマスターするという気持ちで被るのです。そうすると、似合ってくるのです。

フランク・シナトラはそれが上手でした。帽子を被る名人だったのです。

イエスの名、ザ・ネーム・オブ・ジーザス（the name of Jesus）を被りこなしたらいいのです。帽子を被るようにキリストの福音を被りこなしたらいいのです。そうすると、キリストが自分のものになるのです。キリストが自分のものになりますと、自分が知らぬ間にキリストのものになってくるのです。

帽子を被るのは固有名詞の自分ではありません。自分の本質が被るのです。生きている事実が被るのです。魂が被るのです。

魂がイエスという帽子を被るのです。魂の場合には自己満足だけではだめです。霊魂は全世界の人間に共通しているのです。全世界に共通する客観性の自分になってしまうのです。これがイエスという帽子を被りこなすことになるのです。そうすると、誰にでも通用するものになるのです。

パウロはこれを実行したのです。私もそれを現在実行しているのです。傲慢と言われるかもしれませんが、私がこの役目をすることになったのです。これが末の世の現象です。

この世に生きている私は、三次元に生きている私です。霊の私は無次元に生きているのです。次元に関係がないのです。空であり、無である自分になるのです。無次元と言ってもいいです。

し、空次元と言ってもいいのです。

イエスに同化してしまうのです。また、イエスが私と一つになるのです。イエスが私の中に入ってしまうのです。私がイエスの中に入るのです。

イエスは、「私のもとに来なさい」と言っています（マタイによる福音書11・28）。これは英訳では、come unto me.になっています。これは私の中に入って来なさいという意味です。

私の中に入ってしまいなさいと言っているのです。これをしますと、自分の本体がそのままイエスのネームであることが分かってくるのです。これは田中さんや加藤さんという固有名詞ではない、もう一つのネームです。もう一つのネームが分かってくるのです。これがリビング・ソールのネームです。生きている霊魂のネームです。これを掴まえて頂きたいのです。

田中さんが田中さんでなくなったらいいのです。

阿弥陀如来の名号の意味を本当に知ろうと思いますと、イエスの名号が分かったらいいのです。阿弥陀経と大無量寿経からこれが説明できるのです。阿弥陀経には阿弥陀如来の名号のいわれを弁えて念仏申せと言っているのです。そうしたら、この世を去る時に、如来がお迎えに来てくれるというのです。このことが真宗で分からないのです。

本当の阿弥陀如来の名号のいわれは、今の真宗では絶対に分かりません。

今全世界の人間が注目しているのは日本です。色々な意味で日本に注目しているのです。

東洋の文明と西洋の文明とを完全に融合しているのは日本です。日本でなかったら、東洋文化と西洋文化とが一つにならないのです。日本でなかったら、本当の霊魂の位置を正確に示すことができないのです。これができるのは日本だけです。

アメリカやイギリスで、キリスト教が間違っていると言ったら生きていけないでしょう。日本ではキリスト教が間違っていると言っても、仏教が間違っていると言っても、誰も怒りません。天皇制が間違っていると好きなことが言えるのです。こんな自由な国はありません。

今まで生きてきた皆様の人格は、皆様の人格の本質ではないのです。これは形質です。形があるという意味での質です。

現世では田中さんは田中さんでなければならないのです。私は私でなければならないのです。これは現世の約束事です。

ところが、神の国へ入ることになりますと、形質に関係なく霊質になるのです。「神は霊であるから、礼拝をする者も、霊とまことをもって礼拝すべきである」と言っているのは（ヨハネの福音4・24）、このことです。

日本的に申しますと、戒名になるのです。キリスト教では霊名と言います。カトリックがいう霊名は宗教質、教質をいうのです。

カトリックは教質の人格を言いますが、神の国では霊質の人格をいうのです。現世では形質の人格をいうのです。霊質と、教質と、形質の三種類あるのです。

霊質は宗教に関係がありません。現世のしきたりにも関係がないのです。神と皆様との直接の繋がりになるのです。これを発見すればいいのです。

人間の霊質は阿弥陀如来の名号と同じものです。阿弥陀如来の名号というのは、大無量寿経を見れば分かるのです。

大無量寿経によれば、法蔵比丘（ダルマカラー）というお坊さんがいまして、その人が悟りを開いて、自分の存在の秘密を見極めたのです。

存在の本質は何かと言いますと、リビングのことです。人間は形質が本体ではなくて、霊質が本体です。

法蔵比丘というのは釈尊の別名ですが、お釈迦さんが仏になったということを、大無量寿経では説いているのです。

大無量寿経を書いたのは、龍樹菩薩であると言われていますが、釈尊とは関係がないのです。三部経については阿弥陀経と大無量寿経は信用できますが、観無量寿経はどうも信用できないと言う人がいるようです。極楽の光景ばかりを書いているからです。

大無量寿経は参考になるのです。これは新約聖書を読むための参考になるのです。新約聖書がよく分かりますと、大無量寿経はお伽話みたいなものになるのです。

大無量寿経を説明しますと、法蔵比丘というお坊さんがいますが、この人が自分自身の本体を悟ったのです。

釈尊いうのは形質です。釈尊という名前に関係がない自分が生きていることの実質が、法蔵比丘であると悟ったのです。

どのように悟ったのかと言いますと、命と光を悟ったのです。自分はいない。自分の本質は命と光であるということを悟ったのです。

人の中にある命は無限ですから、これは無量寿如来です。また、人の中にある知恵、理性の働きは無限ですから、無量光如来です。この二つの如来が人の中にあるのです。無量寿如来と無量光如来を合わせたら阿弥陀如来になるのです。

実は人間の実体は阿弥陀如来というすばらしいものである。これが人間の中に秘められている永遠の命の実体です。

9. 自分を殺してしまえ

鎌倉に建長寺という寺がありますが、かつて祖元禅師が座っていたのです。この人は中国から日本へ渡ってきたのです。

北条時宗が青年の時に、どうも自分は物事に神経質で臆病で困ると思ったのです。神経の使い方が鋭い人物だったので、自分は臆病だと考えていたのです。そこで、祖元和尚に臆病で困るのでどうしたらいいのかと聞いたのです。

祖元和尚はじっと考えて、「誰が臆病じゃ」と聞いたのです。「この時宗が臆病です」と答えると、「時宗を殺してしまえ」と言ったのです。その時に時宗は分かったのです。

それから時宗の心境ががらっと変わってしまったのです。これが本当の仏を説いたことになるのでしょう。今は「時宗を殺せ」とはっきり言うお坊さんはいないのです。

「時宗が臆病であるのなら、時宗を殺せ」。これが般若波羅蜜多です。時宗は現世における固有名詞です。現世の固有名詞は彼自身の本体ではないのです。

皆様にも名前がありますが、これは皆様の本体ではないのです。これが分からないために、自分が死ぬと勝手に思っているのです。

自分が死ぬ、自分が死ぬと思って臆病神に脅かされているのです。時宗のように臆病だと思っている方がずいぶんいると思われるのです。

時宗という人間は彼岸の人間ではなかったのです。此岸の人間です。この世に生きている人間はやがて消えてしまうに決まっているのです。こちら岸、現世の人間です。百人が百人、千人が千人共、全部死んでしまうに決まっているのです。

般若波羅蜜多というのはこのことを教えているのです。現世にいる人間が、現世にいる常識で般若心経をいくら読んでも分かるはずがないのです。分からないのが当たり前です。

ところが、現在の仏教では、現世にいるお坊さんが現世の常識で般若心経を読んでいるのです。そうして、分かったような顔をしているのです。宗教は全くいんちきです。祖元和尚のようなお坊さんは、今はいないでしょう。

皆様が時宗のように考えたら、般若心経は分かるのです。永遠の命を掴まえることができるのです。

般若波羅蜜多とはどういうことか。彼岸と此岸とがあるのです。なぜ二つあるのか。霊魂不滅という言葉があるのです。誰でも知っている言葉です。ところが、その意味を誰も知らないのです。宗教家でも知らないでしょう。霊魂不滅という言葉の本当の意味を知っている宗教家は日本にはいないのです。

不滅というのは現世にいるだけが人間ではなくて、この世を去って、また、別の霊魂のあり方が存続するという意味です。なぜそうなるのかと言いますと、皆様の魂の機能は理性と良心の機能です。人間の理性と良心というのはすばらしいものです。

例えば、芭蕉が「名月や池をめぐりて夜もすがら」と詠んでいます。名月の光に打たれて夜どおし池の回りを回っていたのです。芭蕉は何に惹かれたのでしょうか。芭蕉にもよく分からなかったのです。

月の光が人間の魂に語りかけているのです。これは月だけではありません。自然現象というものは、人間の魂に非常に深い語りかけをしているのです。

いわゆる行雲流水と言いますが、雲の流れをじっと見ていますと、人間の魂に非常に深い語りかけをしていることが分かるでしょう。そうすると、世の中のばかばかしさ、政治のばかばかしさ、社会状態の偽体さとは別の世界があることが分かるのです。

雲の流れをじっと見ていますと、人間の魂の底から感じるものがあるでしょう。癒しを感じられるでしょう。現代の医学ではできない効果があるのです。天然自然にはそういう効果があるのです。

これは何かと言いますと、人間の魂は永遠を知っているのです。皆様が死にたくないと考えるのは、皆様の魂が永遠を知っているからです。そこで、自分の魂のあり方をよく考えて頂いたら、固有名詞で生きている自分は、一時的な現象にすぎないことがよく分かるのです。これが五蘊皆空、色即是空という考え方の基本になるのです。

人間の理性と良心は宇宙現象の終極を見極めようとする本性を持っているのです。宇宙現象の終極は永遠です。永遠の真理、絶対真理を追究しようという気持ちを、皆様の魂は持っているはずです。

ところが、現代の人間は生活することに追いまくられて、永遠の真理を真面目に考えようとしない人間になり下がってしまっているのです。

生活のことは考えますが、命のことを考えようとしない、非常に悪い人間になってしまったのです。

今の人間は放っておけば誠の命が分からないままで死んでいくに決まっています。私は現在の日本人の世界観が根本から間違っているということを、お話ししたいと思っているのです。こういうことを警告したいと思っているのです。

なぜ人間の理性や良心が永遠を求めているのかと言いますと、人間は観自在の本性を持っているからです。観自在とは何かと言いますと、生まれる前の命の本性を人間の霊魂は知っているのです。

生まれる前に魂に本性が植え込まれているのです。生まれる前の人間の霊魂のあり方が、現在肉体的に現われているのです。従って、肉体的に生きている人間の魂が永遠を求めるのは当たり前のことです。

永遠を求めるというのは、魂の生まれ故郷を求めているのです。魂は何を求めているのかと言いますと、望郷です。故郷を求める思いが皆様の魂にあるです。

現在の日本人はこういうことをまともに考えないという悪い習慣がついているのです。しかし、皆様の魂の本性には潜在的にこのような意識がはっきり植えられているのです。この本性を生かすことが般若波羅蜜多です。

この世を去っても、皆様が現世に生きていたという記憶は絶対に消えません。肉体は火葬場で灰になりますけれど、皆様が何十年間かこの世で生きていたという記憶は灰になりません。これが問題です。

皆様の魂は現世に生きていた記憶を持ったままで、他界することになるのです。そこで困るのです。現世のことだけしか知らない人間が、この世を去るとどうなるのか。

霊魂不滅というのは人間の記憶は消えないということです。このことは誰でも少し静かに考えたら分かることです。

現世は非常に矛盾しています。正直に暮らしていたからといって正当な報いを受ける訳でもない。でたらめに生きていても、何とか幸いになっている人もいるのです。親から莫大な資産を受け継いで、一生左団扇で暮らしている人もいます。

反対に、「働けど働けどなお我が暮らし楽にならず」という人もいるでしょう。人生は非常に矛盾しているのです。このような人間の人生の矛盾はどこで決済されるのか。いつどこで決済されるのかということです。

人間が生きているのは現世だけでおしまいというのなら、せいぜいごまかしてお金を儲けたらいいのです。現世は矛盾だらけ、不公平だらけですが、これがいつどこで精算されるのかということです。

人間は現世では公平に精算されずに死んでいくに決まっています。そうしたら、死んだ後に精算されるということは常識でも分かることです。従って、人間が生きているのは現世だけではない、来世が必ずあるということが分かるのです。これが道徳の基礎になっているのです。

なぜ人間は道徳を守らなければならないのか。現世を去るからです。なぜできるだけ人に親切にしなければならないのか。正直は最良の策と言いますが、なぜ正直でなければならないのか。死ななければならないからです。

もし人間に死後の世界が全くないとしたら、現世ではできるだけごまかして生きた方が得です。石川五右衛門のような人間になったらいいのです。

霊魂不滅という言葉は人間の魂は永遠のものであるということです。現世を去ったら魂は消えてしまうものではない。だから恐ろしいのです。従って、現世でどういう生き方がいいのかということが、どうしても必要になってくるのです。

現代文明はこういうことを考えようとしないのです。これは、文明の根本的な大欠陥です。この大欠陥が教育という形で現われているのです。

人権、人権と言われますけれど、権利を主張するなら義務をせいぜい教えなければならないのです。ところが義務を教えない。権利だけを教えすぎるのです。責任を教えようとしない。そのために、教育の混乱が起きているのです。これが現代文明の悪い面です。

文明は現在生きている人間に媚びすぎているのです。良いことは良い、悪いことは悪いと、はっきりいう教育者がいないのです。こういう欠陥が現代文明にあるのです。

永遠を見通すだけの上智を持っていないのです。人間は現世だけで生きているのではない。生まれてきたという。死んでいくと言います。生まれてきたというのはどこからか来たのです。死んでいくのはどこかへ行くのです。人間の魂は過去と現在と未来という三世に繋がっているのです。

人間の理性は神と同じ本質を持っているのです。だから、死にたくても死ねないのです。神が死なないように、人間も死なないのです。そこで、今生きている間だけではなくて、もっと長い、もっと大きい人生の捉え方をしなければならない。これが般若心経が言いたい所です。

これに対して聖書はとこしえの命の実体を皆様に与えようとしているのです。とこしえの命の実体は何であるのか。神とは何であるのか。霊魂とは何であるのか。これを皆様に自覚させようとしているのです。

空という感覚が般若心経の哲学です。皆様に永遠の生命の実体を提供しようとするのが、新約聖書の実体です。

現在のキリスト教では、永遠の生命の実体を教える牧師さんが一人もいません。宗教の中に入ってしまいますと、本当のことが分からなくなるのです。だから、本当のことをいう牧師さんはいないのです。

キリスト教の牧師さんはキリスト教の教義ばかりを話しているのです。ですから、本当の神を皆様に教えることは全くできません。ましてや、イエスが復活したことは全く分かりません。イエスの復活は具体的にはどういうことなのか。これを説明できる牧師さんが日本にいないのです。人間は記憶の塊がその人の世界観になっています。五十年間生きていた人は五十年間の記憶の集積がその人の世界観の根底になっているのです。自分が肉体的に生きていたという思いが自分の思想の基礎になっているのです。

人間が肉体的に存在しているというのは、現在の人間の肉の思いでありまして、実は人間の肉体は真実に存在していないのです。

これは肉体だけではありません。すべて物質は実在しているものではありません。原子爆弾ができるということが、物質が存在していないことの証明になるのです。もし物質が本当にあるのなら、原子爆弾は製造できないはずです。

物理運動はありますけれど、物質はないのです。理論物理学では電子の運動が物質のように見えるのであって、物質は存在しないと説いているのです。ところが、人間は物質があると思って生きています。これが人間の世界観の間違いです。

人間の考え方の土台が間違っているのです。善悪利害の考え方の根本がすべて物質が存在すると思っているのですが、物質は存在していないのです。

近代文明というのは基本的なことを申し上げますと、ユダヤ主義によって成立しているのです。資本主義も社会主義も共産主義も、教育主義、政治経済主義も皆ユダヤ主義です。こういうものは、皆ユダヤ人によって考案されたものです。

日本人は本当の聖書を知らないのです。実はアメリカ人も知らないのです。アメリカ人が知っている聖書はキリスト教の聖書であって、本当の聖書ではないのです。ローマ法王がキリストの代理者のように言っていますが、これは全く宗教的な言い方でありまして、聖書的にも非常に空疎な聖書の解釈をしているのです。

現在生きている人間の考え方が唯物的に考えるか、即物的に考えるか、どちらかになっているに決まっているのです。物質があるという考え方に立って物事を考えているのです。この世界観がある以上、完全な命を見つけることはできません。

完全な命とは何かと言いますと、皆様の目が見えることです。皆様の舌が味を味わい分けるという正確な働きが、このまま人間の命のあり方を教えているのです。

皆様がマグロの刺身を召し上がるとしたら、マグロの刺身の味を正確に舌に感じられるのです。マグロの味は魚屋さんがつけたものではありません。大自然がつけた味です。

皆様の目、耳、舌は正確に自然現象の真髄を弁える力があるのです。五官の働きの正確さを基礎にすることが、客観的な人間の実像です。客観的に存在する人間の実像は、五官の働きがそのまま正直に自分に教えてくれるのです。ところが、社会思想とか、利害得失とかによって人間の常識はめちゃくちゃに曲げられているのです。その結果、今のような混乱した世界が現われているのです。

これから人口は無制限に増加していきます。そうすると、食料が追いつかないことになるでしょう。資源の枯渇、環境汚染、人心の荒廃もあります。核兵器廃絶と言えば言うほど核は拡散していきます。人間文明の将来に重大な危機が待っているということは誰でも分かるはずです。専門的に勉強するまでもなく、ちょっと考えたら分かることです。

やがて文明は壊滅状進になるでしょう。これを今の指導者は知っているのですが、それを口に出すのが恐ろしいのです。自分が生きている間は大したことがないだろうと思ってごまかしているのです。

遅かれ早かれ、地球に一人も人間が住めなくなる時が来るでしょう。原水爆戦争がなくてもそうなるに決まっているのです。このことは人間は潜在意識で知っているのです。皆様も知っているはずです。ところが、自分が生きている間は大丈夫だろうと思ってごまかしているのです。地球上に人間が住めなくなる時が来たら、人間の世界観や価値観は全く役に立たなくなるのです。

ですから、現在目の黒いうちに、私たちの舌が何を味わっているのか、目が何を見ているのかを真面目にお考え頂きたいのです。皆様の目の黒いうちに、永遠の生命の実物を見つけて頂きたいのです。

イエスが死を破ったという歴史的事実があるのです。イエスは歴史的事実として、はっきり死を破ったのです。釈尊は死にました。だから釈迦の骨はあります。釈迦の墓もあります。イエスの墓はどこにもないのです。墓が本当にない人はイエスだけです。

イエスは歴史的事実において復活したのです。死を破ったのです。これが人間歴史の中の最も重大な問題です。これは宗教ではなくて歴史的事実です。この歴史的事実を克明に勉強する気持ちさえあれば、皆様も死を破れるのです。

イエスがどうして死を破ったのかということが、はっきり分かるのです。皆様の舌の感覚、目の感覚がそれを証明しているのです。ですから、死なない自分を発見することができるのです。私はそれを発見しているから申し上げているのです。これは宗教ではありません。本当の事実を申し上げているのです。

現在の日本の既成宗教は腐りきっています。全く腐っているのです。皆様は宗教というばかなものに頼ることをやめて頂きたいのです。そうして、皆様の五官、理性や良心が何を求めているかをよくお考え頂いたらいいのです。

10．彼岸はどこにあるのか

彼岸はどこにあるのかと言いますと、皆様の中にあるのです。五蘊が皆様の中にある彼岸を分からないようにごまかしているのです。皆様の中にある彼岸を見えなくしているのが五蘊です。

五蘊を捨ててしまったら彼岸が分かるのです。宗教、教育、常識が五蘊になっている。このために自分の中にある、本当の命の本体を見えなくしているのです。

イエスが死を破ったということが契機になって、人間は死ぬべきものではないということが歴史的に証明されたのです。これによってキリスト紀元、西暦紀元が発生しているのです。

今年は西暦二〇二〇年です。今年が二〇二〇年であるということが、皆様が死ななくなっている証明になっているのです。

世界史の実体が、皆様の命が死ぬべきものではないことを証明しているのです。このことを勉強することは必要ですが、これは宗教の勉強ではありません。生きているということの実体を勉強するだけのことです。

人間歴史はどのような世界観によって成立しているのか。人間の善悪利害の根本概念はどういう世界観によって成り立っているのかを、しっかり勉強する必要があるのです。これは学問の勉強ではありません。命の筋道の勉強をするだけです。

宗教ではない般若心経と聖書の勉強をするのです。これは命の勉強になるのです。勉強と言っても、難しいことではありません。素直に考えたら誰でも分かることです。ただ素直になればいいのです。

まず五蘊皆空を知ることです。空を知ることです。これが素直です。素直になることさえできれば、イエスの命は誰でも分かるのです。どうぞ難しいと思わないで勉強してください。これは死ぬか生きるかの問題ですから、ちょっと落ち着いて考えようという勇気を持って頂きたいのです。

皆様の中に彼岸があるのです。死なない命が皆様の中にあるのです。これが分からないだけのことです。

こういうことをお話ししますと、理屈のように思われるでしょう。話をしなければ物の道理が分からないのです。物の道理と理屈とは全然違うのです。

私が物の道理を申し上げても、皆様がお聞きになりますと、理屈のように聞こえるのです。できるだけ物の道理に即して真実を申し上げたいのです。

私たちは生命と言っています。生《せい》と命《めい》とは違います。生というのは死なないいのちです。いのちの本性のようなものです。

死なないいのちが命《めい》になって現われているのです。これが人の生命です。皆様は生と命を一緒に経験しているのです。これがややこしいのです。

一本の木がありまして、二本の枝に分かれているのです。一つの命から二つの枝に分かれているのです。

平家物語の冒頭に次のようにあります。

「祇園精舎の鐘の声
諸行無常の響きあり
沙羅双樹の花の色
盛者必衰の理をあらわす」

沙羅双樹は二本の木ではなくて、一本の木の幹が二つに分かれているのです。もともと一本の幹から二本の枝に分かれたのです。一本はこの世で生活をするという木です。そうして善悪利害を考えるのです。皆様はいつも善悪利害を考えているでしょう。救われたいとか、仏国浄土へ行きたいとか、死んでから天国へ行きたいと思われるでしょう。これが煩悩です。情欲はすべて煩悩であって、欲望です。人間はこの木の方だけを考えているのです。

もう一つの木は命を求める気持ち、実を求めようという気持ちです。

二本の木

この二本の木があるのです。旧約聖書の創世記に、エデンの園の真ん中に二本の木があったと書いています（創世記２・９）。この二本の木を仏教は沙羅双樹という言い方に翻訳しているのです。

旧約聖書はだいたい今から三千年くらい前に書かれたのですが、今から二千五百年程前に生まれた釈尊は、沙羅双樹ということを一切言っていないのです。

一本の木は生活するために生きている生き方を示しています。もう一本は生命の本質を知るために生きている木です。

人間がこの世に生まれると、生活への道か、命の本質を求める道か、どちらかを選ばねばならないことになるのです。皆様が生きている中心目的が、生活するために生きていることになりますと、皆様は善悪得失を考えざるを得なくなるのです。神や仏を考えるにしても、善悪利害を考えて自分の得になるような神や仏を信じるのです。

エデンの園にはえた二本の木の一本は命を知る木です。もう一本は善悪を知る木です。

宗教は善悪を知る木です。宗教が営業であると言いますのは、宗教は現世の生活を豊かにし、幸いにするというからです。宗教はどこまでも人間に幸いを与えようとしているのです。人間に利害を提供しようと考えるのです。

真実は人間にとって利益になるかもしれませんが、また損失になるかもしれないのです。これが真理です。真理は必ずしも人間の注文通りにはならないのです。

一本は命の真実を求めるのです。もう一本は生活の利益を求めるのです。この二つの人生観があるのです。どちらを取るかということです。生活を求める方は命が分かりませんから、必ず死んでしまうのです。

皆様の命は生《せい》が命《めい》になっているのです。これが人間のいのちです。これを人間は生命として自覚することができるのです。命を自覚することができる人は、生《せい》を取るか、命《めい》を取るかの決定をしなければならないのです。現世において幸せになろうと考えたり、自分が救われようと考えたりしますと、本当の素直さがなくなってしまうのです。善悪を知る木になってしまうのです。

宗教を信じると宗教に騙されるのです。人間が善悪を信じると、善悪という概念に騙されるのです。自分が思っている方法で自分が騙されるのです。良いことをしているつもりでも、実は悪いことをしているのです。

問題は命は自分のものではないという第一の素朴なテーマです。自分が生まれたいと思って生まれたのではない。従って、命は自分のものではないのです。これに気づいて頂きたいのです。

そうすると、もう一本の命の木が分かってくるのです。命が自分のものだと考えて生きていても何にもなりません。命の本質から考えますと、何の役にも立ちません。役に立たないだけならよいのですが、毎日毎日生きていることを通して罪を造っているのです。

不安不満がある。自尊心がある。人を疑う気持ちがある。魂の喜びがないのです。だから、一日生きていれば一日だけ必ず罪を造っているのです。善悪を知る木の方に役に立っているからです。この木によって生きていれば、必ず罪を造るに決まっているのです。

人間が生きているということが犯罪行為になっているのです。これが恐いのです。だから、早く自分の生活のために生きるとか、自分が幸せになりたいという妄念を捨てるのです。そうして命の真実を求めようとすることです。これが人間の理性の本当の姿です。この姿になって、自分の利害得失を考えないで、自分の命とは何かを尋ねる気持ちになって頂ければ、イエスの命が必ず分かるのです。

般若心経の般若というのは上智ということです。これは普通の人間の知恵ではありませんし、英知でもありません。もっと上等のものです。仏教で阿頼耶識《あらやしき》と言っているものです。

これは何かと言いますと、皆様の目が見えることの本質をいうのです。これが上智です。皆様は何げなく見ているのです。しかし、目で見ていることの本体をご存知ないのです。

皆様は自分の力で自分の目を造ったのではありません。目は天から与えられたものです。天から与えられたのですから、目で見ていながら天の心を知らないで見ていますと、天に反することになるのです。

例えば、花を天の心でご覧になると、花が咲いている世界が見えるのです。ところが、自分の常識で見ていますと、花は見えますが花が咲いている世界が見えないのです。これが上智と上智でないものとの違いになるのです。

皆様が最初から上智に飛び移ろうとしても無理です。まずお考え頂きたいことは、五蘊皆空の本当の意味を掴まえて頂きたいのです。

人間の常識、知識は五蘊であって、五蘊で生きていますと、皆様ご自身のためには全く何もならないのです。

今の日本人の大人の考えは、自分のために全く何もならないのです。何もならないだけならいいのですが、毎日罪を造っているのです。その結果、死んだ後は真っ暗です。お先真っ暗の状態で生きているのが、世間並の人生です。

これをやめるのです。自分の魂の行く先がはっきり分からないというのは、自分の命についての考え方が間違っていたからです。これをやめるのです。

難しいと考えないで、幼子のような気持ちになると上智はやがて分かってきます。まず欲望第一の気持ち、利害得失を考える気持ちを捨てることです。

人間はこの世に生きるために生まれてきたのではないのです。このことをよくご承知頂きたいと思います。般若波羅蜜多することが人生の目的です。これは宗教ではなくて人生の目的です。

この世に生きていても何にもなりません。皆様はこの世に何十年も生きてきました。人生について何か分かったのでしょうか。罪を造っただけです。

この世に生きていることが間違っているのです。人間がこの世に生まれてきたことが業《ごう》です。この業を捨ててしまわなければ本当の命を見ることはできません。そのためには、幼稚園の子供のような気持ちになることです。大人の考えを捨てるのです。これを第一にして頂きたいのです。

天に対する謙遜が必要です。自分に命を与えてくれた者に対してへりくだった感覚を持つことです。

自分が生きているという気持ちが一番悪いのです。命は皆様のものではありません。自分の生涯は自分のものだから、自分の魂についてかれこれ言われたくないという自尊心が一番危ないのです。

11. 彼岸に入るために

般若心経は、般若波羅蜜多と言っていますが、彼岸がどういうものか、全然説明していないのです。彼岸へ行ったとは、何処へ行ったのか。向こう岸へ行ったというでしょう。向こう岸は何処にあるのか。釈尊自身にも説明できないのです。

なぜかと言いますと、釈尊が見た一見明星は、やがて来るべき新しい国を示しているのです。しかし、釈尊は、現実にそれを掴まえたわけでも、そこに生きたわけでもないのです。

そこで、釈尊の思想であるかどうか分からない、仏国浄土という思想ができてくるのです。釈尊は、明星を見たが、明星の実体について、全然説明していません。できなかったのです。

宇宙は、厳然として明星を見せるのです。それきり、何の説明もしないのです。神とはそういうものです。

イエスが死から甦ったことは、人間に新しい歴史が存在するに決まっていること、新しい歴史がこの地球に実現するに決まっていることを、示しているのです。

旧約聖書でダビデは、「神の真実がこの世でありありと現われるのでなかったら、神を信じない」と言っているのです。神の恵み、愛、永遠の命が、この世で事実証明されるのでなかったら、神なんか信じないと言っているのです。

イエス・キリストは、ダビデの末裔であって、ダビデの思想を受け継いでいるのです。イエスが復活したことは、実は、人間完成の実体が示されたのです。今の肉体ではない、もう一つの肉体があることを証明しているのです。

今の肉体を脱ぎ捨てて、もう一つのボディーを受け取ることが、本当の人間完成だと聖書は断言しているのです。これが、イエス・キリストの復活というテーマであって、人間のあらゆる学問の精髄を傾けて、研究すべきテーマです。

どうして彼は復活したのか。復活した彼の肉体はどういうものであったのか。やがて、この地球上にどういう関係を持つようになるのか。この地球はどうなるのか。人間社会はどうなるのかということです。

これを知ることが、最高の学です。これ以上の学はありません。これが本当の般若波羅蜜多になるのです。釈尊はこれをねらっていたのです。やがて、この地球上に現われるべき、新しい歴史、新しい人間の命のあり方を、明星によって、看破したのです。

もし、釈尊の一見明星という悟りがなかったら、実は、新約聖書の根底が成り立たないとさえも言えるかもしれないのです。こういう見方は、今まで世界になかったのですが、釈尊の悟りを延長すると、そうなるのです。

釈尊の般若波羅蜜多は、決して空論ではない。しかし、釈尊の時は、未来に現われる歴史が分からなかったのです。だから、どう説明していいか分からなかった。弥勒というように言われていますけれど、これが皆、宗教になってしまっているのです。

イエスの復活が、現実に生きている人間に、どのように具体的な係わりがあるのか。イエスの復活という問題が、もしこの地球上において実際生活で経験できないようなことなら、聖書など信じる必要がないのです。

従って、般若波羅蜜多はあるに決まっているのです。彼岸の土へ渡ることは、絶対にあるのです。

やがて、文明は自滅していきます。自壊的に崩壊します。今の文明は、人間が造った文明ですから、永遠に存在するはずがないのです。

しかし、人間が生きているという命の本質は、絶対になくならないのです。これは、イエス・キリストの復活によって、すでに証明されているのです。もう結果が見えているのです。これが、新約聖書の本体です。

イエス・キリストの復活の他に、命はありません。だから、その命の中へ入ってしまえばいいのです。それだけのことです。これが、彼岸へ渡る方法です。

この命の中へ入ろうとする人は、なかなかいないのです。日本人の場合、大変難しいのです。日本人は、民族の伝統として、聖書と関係がないのです。いわゆる異邦人です。異邦人は、旧約時代には、獣扱いをされていたのです。

今、人間が生きている命は、すでに復活の命になってしまっているのです。彼岸は来てしまっているのです。これを、キリスト紀元と言います。キリスト紀元というのは、神の国が実現してしまっている時を意味するのです。釈尊が求めても求めても到達できなかった彼岸の世界が、現在現われているのです。迷っている人間には、分からないだけのことです。

イエス・キリストの復活が、学の対象になるべきですが、ユダヤ人がそれを妨害しているのです。専門学を並べて、文句を言っているのです。イエス・キリストの復活は、歴史の完成、地球の物理的な完成であって、これこそ唯一の学の対象になるべきものです。

般若心経は神の国の実体を述べていないのです。ただ入口があることだけを言っているのであって、般若波羅蜜多の実体の説明、彼岸の実質の説明は、一切していません。だから、般若心経だけではだめです。羯諦羯諦波羅羯諦ということは、おかしいのです。是大神呪、是大明呪、是無上呪是無等等呪も、般若心経だけで考えますとおかしいのです。般若心経が最高のものだと言っていますが、もう一つ最高のものがあるのです。イエス・キリストの復活という事実です。これは般若波羅蜜多よりも、もっと大きいのです。

今までの宗教観念や文明の感覚、学問に対する感覚という小さい考えをやめるのです。それよりもっと大きいものを掴まえていただきたいのです。

般若心経の冒頭に観自在菩薩という言葉があります。観音さんが自在を見たということですが、これは何を見たのかということです。

自在は自由自在の自在とも言えます。自というのは初めから在ったものという意味です。自とは、からという意味です。

原点根本があるとします。根本から始まったという意味のからです。観とは見ること、感じること、見極めることです。見極めて自分のものにすることです。これが観です。

観自在というのは初めからあったことを見たのです。観自在菩薩が大変な秘密を見極めたのではないのです。当たり前のことに気がついただけのことです。

「観自在菩薩行深　般若波羅蜜多」とありますが、観自在として生きている状態が、勝手に般若波羅蜜多になったのです。また、般若波羅蜜多を行じていることに、気がついたという意味です。

観音さんは自分が生きていることの実体にふっと気がついたのです、これが観自在です。本当の悟りというのは気がつくことです、気がつくことが本当の悟りです。

皆様が生きていることの中には、般若波羅蜜多があるから生きているのです。般若波羅蜜多がないものには絶対に生きることができないのです。

皆様は命があるから生きているのです。命とは何なのか。これが初めからあったものです。命が初めからなかったら、皆様が今生きているという事実があるはずがないのです。

地球が自転公転しているのは、命によるのです。命は初めからあったのです。地球ができる前から命があったのです。

初めからあった命が地球という格好で現われた。それだけのことです。

皆様が生まれる前に命があったのです。皆様の取り分だけの命があったのです。これがこの世に皆様という格好で現われたのです。これに気がつけば死ななくなるのです。このように私は簡単に述べていますが、大変な真理を述べているのです。

自分が生まれる前に命があった。この命に気がつけば、死なないのです。大体、命は死なないものです。死ぬものは命とは言いません。生きている状態は死にますが、本当の命は死なないのです。

生というのが本当の命です。命というのは人間が現世に生きている状態を指すのです。皆様が現在肉体的に生きているという状態が命です。運命とか天命、寿命という場合には命という字を使います。

命は人間が現象的に生きているという文字であって、命の本質を意味するものではありません。

人間が生きていることの中にある本物を掴まえることができたら死なないのです。自分は死ぬと思っている人、また、死ななければならないと思っている人は、自分の業《ごう》によって取得されてしまっているからそう思っているのです。

四苦というのは人間の業《ごう》です。人間には生老病死という四つの苦しみがありますが、これが業です。人間が肉体的にこの世に生きていることが業です。現世に生きていることにこだわっている状態では、本当のことは分かりません。自分に家族があるとか、商売をしているとか、年齢が何歳であるとか、こういうことにこだわっている状態では、自在を観じることができないのです。

自在とは初めからある命のことです。これを観音さんが見たのです。観音さんは見たのですが、世界歴史の実体に当てはめて話をすることができなかったのです。

観音さんは大乗仏教が造った抽象人格です。龍樹が造った抽象人格です。人間の悟りを人格化する状態で言いますと、観自在、観世音という言い方になるのです。

これは悟りの状態を人格化したのです。般若波羅蜜多の一つの状態を人格的に呼んだのです。これが観自在です。観自在という人間がいたのではないのです。人間が悟った気持ちの状態を、抽象人格として見ているのです。これが観自在です。

初めからある命は死なない命です。皆様がこの世に生まれてきたから死ぬことになったのです。そこで、この世に生まれてきたということを空じるのです。この世に生まれてきたという気持ちを捨ててしまうのです。そうすると、初めからの命がぽっと分かるのです。これが本当の命を悟ることになるのです。そうすると、死なないのです。

死ななくなると聞いて、そんなことがあるはずがないと思われるでしょう。それは、生老病死に捉われているからです。この世に生きていることにこだわらないという気持ちを持って頂きたい。そうしたら分かるのです。

初めに命があったから、人間は生まれてきたのです。ところが、生まれてきたことにこだわっていますと、やがて死ななければならないことになるのです。

生まれる前の命を見つけて下さい。そうすると、死なない命が分かるのです。現在の物理次元の地球は、将来必ず壊れてなくなります。人間が住めなくなる時が来るでしょう。地球は解体してしまうのです。

生あるものは必ず死ぬのです。形があるものは必ず壊れるのです。地球という形があるものは、必ず滅してしまうのです。必ずそうなるのです。

人間が分かったとか、学理学説と言っていますが、結局地球がある間だけのことです。こんな地球を当てにするのではなく、地球ができる前の地球を見つけて頂きたいのです。

本当の命が地球として現われているのです。地球そのものが生物です。地球は生きているのです。だから、台風があったり、地震があったりするのです。地球が息をしているのです。

今の地球ができる前の地球があったはずです。これを見つけたら壊れない、潰れない地球が分かるはずです。このことを新約聖書では神の国と言っています。

イエスは「神の国と神の義を求めよ」と言っています。イエスはこれが分かったのです。分かったから、十字架によって殺されたが復活したのです。死を破ったのです。

死を破ることはできるのです。日曜日はイエスが死を破った記念日です。イエスが死を破ったのは歴史的事実です。だから、難しいと言わないで、般若心経を毛嫌いしないで、聖書を敬遠しないで頂きたいのです。

観音さんに分かったことが、皆様に分からないはずがありません。観音さんは皆様と同じ人格です。だから、観音さんが分かったことは、皆様にも当然分かるのです。

現世に生きている人間は、例外なく生老病死に捉われています。生というのは、今、人間が生きていることです。老は現世に生きていて年をとるという感覚です。病気になり、死んでいくと考えています。

現世に生きていること基準にして考えている。これが人間の業《ごう》です。人間は業に押え込まれているのです。

魂というのは五官が働いている状態を指しているのです。従って、これは肉体的に働いているのです。

生は命の本質が働いている状態です。生まれる前の命が今、魂として働いているのです。

人間はこの世に生きる為に生まれてきたのではないのです。この世で生活するために生まれてきたのではありません。

生まれる前の命を見つけるために、現世に生まれてきたのです。生まれる前の命を悟るか悟らないかということのためにだけ生まれてきたのです。生まれる前の命が命の本物、本質です。命の本物、本質を掴まえることができるかできないかが、人生全体の目的です。生活することが人生の目的ではありません。命を見極めることが目的です。

ですから、難しいとか時間がないとか言っていられないのです。生活していても仕方がない。ただ死ぬに決まっているだけですから、現世でどんな大きな仕事をしても、どんなに成功しても、どんなに地位や財産を得ても、死ぬに決まっているだけです。

人間は生老病死という業に押え込まれているのですから、現世にただ生きていても仕方がないのです。死ぬに決まっているからです。

そこで、死ぬに決まっている人生に見切りをつけて、般若波羅蜜多の気持ちにならないかと言っているのです。

日本人は率直に言いますと、運が良くない民族です。これは日本人だけではなくて、アメリカ人でもイギリス人でも同じです。ユダヤ人以外の民族は皆運が良くないのです。地球が何のために造られたのかということを、先祖代々知らなかったのです。本当の命を弁えている祖先がいなかったのです。

だから、日本人の考えは全て現世に属する考えです。従って、日本人的な物の考え方から、解説する勇気が必要です。

まず知って頂きたいことは、皆様の魂は皆様自身のものではないということです。現世に五官によって生きているという事実は、皆様自身の所有物ではないということです。天のものです。

天に命があって、その命が今私たちに現われているのです。魂を自分自身の所有物のように考えて、どのように生きようと自分の勝手だというわがままな考えを持っていると、死んでから大変なことになるのです。

命は自分のものではありません。これを自分のものとして勝手に使っていたのですから、これに対して刑罰を受けるのは当然のことです。

皆様の衣食住をご覧下さい。服の着方、食事の仕方、家の住み方、仕事の仕方は、神が肉体を持った生き方です。もし神が肉体を持ったら、皆様と同じような生き方をするに決まっているのです。皆様は神と同じような生き方をされているのです。そういうことを今皆様は経験しているのです。

例えば、マグロの刺身を食べるとおいしい味がします。マグロの刺身の味とは何でしょうか。これは生まれる前の命の味です。

四月になると桜の花が爛漫と咲きます。安原貞室が、「これはこれはとばかり花の吉野山」と詠んでいます。爛漫とした桜の花は何が咲いているのかと言いますと、皆様が生まれる前の命がそのまま咲いているのです。地球ができる前の命が、花という格好で現われているのです。皆様が桜の花を見て綺麗だと考えることが、皆様の五官の本質が永遠の生命を看破するだけの力があるということです。

皆様の魂には、観自在菩薩になるだけの力が十分にあるのです。ところが、日本人は現世に生きるだけに一生懸命になっている。生老病死という人間の業に掴まえられているのです。そこで、自由にものが考えられなくなっているのです。

自分の常識、自分の経験、自分の記憶から抜け出すことができなくなっているのです。皆様は現世に執着を持っている。現世に執着を持ちすぎているのです。

皆様の魂のあり方が、大自然のあり方に従っていれば、勝手にご飯が食べられるに決まっているのです。最澄が、「道心に餌食あり」と言っています。道を極める心さえあれば、勝手にご飯が食べられると言っているのです。これは本当の事です。

鳥が生きている状態、魚が生きている状態が本当の命を示しているのです。人間には現世に生きる義務みたいなものがありますけれど、現世で働くために生まれてきたのではありません。命の本質を見極めるために生まれてきたのです。観自在というのは人間の本当の仕事です。商売をしたり、学校の先生をしたり、弁護士になったりしていますが、これは本当の仕事ではありません。

真面目に働く気持ちがあれば、仕事はあるのです。仕事よりもっと大事なことは命を見極めるということです。

命を掴まえるか掴まえないかによって、人生の成功か失敗かが決まるのです。皆様は花の美しさが分かるのです。刺身の味が分かるのです。刺身の味が分かる人は、生まれる前の命が分かるに決まっているのです。その気になれば必ず分かるのです。

皆様は天の命を味わっている。神の命を味わっている。命の本質は神です。

皆様は宇宙でたった一つの神の命を預けられているのです。命は神からの預りものです。これを自分のものと考えたら、背任横領になるのです。他人のものを自分のもののように勝手に考えるからです。

人間は自由に命を使うことができますが、自由に使う権利が与えられているからできるのです。自由に使う権利が与えられているということは、それに対する責任を当然与えられているのです。

基本的人権には当然基本的責任がついて回るのです。この責任を果たすということが、観自在という境地に帰ることです。イエスが死を破ったという事実があるのです。イエスが死を破ったのなら、皆様にもできるに決まっているのです。

これをすることが人間の基本的責任、基本的な義務です。これをぜひ履行して頂きたいと思います。そうしたら、死なない命を確実に得ることができるのです。

12．明けの明星とは何か

釈尊は自分で分かったのです。般若波羅蜜多が分かったのです。釈尊は明けの明星を見たのです。明けの明星というのは歴史の行く末のことです。

今の現存する歴史が終わります。そうして、新しい歴史が全世界に登場するのです。地球に新しい歴史が登場するのです。神の国とはこのことです。

歴史の完成を目指して勉強するのですが、これは誰もしていないことです。

現在の人間歴史はめちゃくちゃになるに決まっているのです。愚かな人間が集まっている歴史が、完成されるはずがありません。釈尊が見たのは明けの明星です。明けの明星の次に何が現われるかを直感したのです。

明けの明星の次に現われるものは、太陽です。義の太陽です。これが現われるのです。今の太陽は義の太陽のサンプルです。本当の太陽ではありません。本当の太陽は現在の物理的な太陽の効用もありますが、魂も照らすのです。

現在の物理的な太陽は、物理的な面しか照らすことができないのです。物理的な面と心理的な面との両方をくまなく照らすのが、義の太陽です。義の太陽が現われるに違いないことを、釈尊は直感したのです。

釈尊ははっと感じたものがあったのです。人間の命の原理が、そのまま地球の歴史を指導すからないのです。

るという世界です。これが現われることを釈尊は直感したのです。

ところが、釈尊の悟りが日本の仏教界に全然分かっていないのです。明けの明星の話ができるお坊さんは、日本には一人もいないのです。これが分からなければ、仏陀の悟りは絶対に分からないのです。

なぜ五蘊皆空と言ったのか。今の社会がなぜ空であるかということです。この原理は、来たらんとする新しい歴史の輝き、物理と心理の両面をくまなく照らす、義の太陽の輝きの説明ができなかったら分からないのです。

皆様は今生きています。命が働いているからですが、皆様の肉体にどうして命が働いているのかという原理です。命がどのようにして皆様の肉体の中に働いているのか。森羅万象の中にも命があるのです。どのようにしてあるのか。

これを新約聖書の言葉で申しますと、「神はすべてのものの上にあり、すべてのものを貫き、すべてのものの内にある」とあります（エペソ人への手紙4・6）。

上というのがキリスト教では分からなかったのです。神はすべてのものの上にある。上とはどこか、何かです。上とは組織ではない。霊的な意味での上とは、肉的に感じられない場所をいうのです。肉体的な人間の常識では、感じられない場所をいうのです。

神はすべてのものの上にある。すべてのものを貫いて、すべてのものの内にある。すべてのものを貫いてというのは、皆様の肉体を貫いて皆様の内に神が入っているのです。

皆様の舌にも神が入っているのです。味覚をばかにしてはいけないのです。栗の毬が栗の毬であるのは、神が貫いているからです。ボールペンがあるのは、ボールペンを貫いて神がいるのです。

ボールペンがボールペン「である」ことが、ボールペン「がある」こととなっているのです。「である」ということがイズ（is）ということです。「である」ことが神です。

舌が舌「である」ことが神です。皆様が飴をなめるというのは、実は皆様がなめるのではなくて、皆様の舌を舌として働かせている神が、皆様という人間を通して飴をなめているのです。

神が飴なんかなめるものかと言われるかもしれない。しかし、なめるのです。神は飴が大好きですからなめるのです。神が好きでなかったら、人間に食べさせないのです。神は自分が好きだから人間に食べさせるのです。

神はマグロの刺身が好きだから人間に食べさせるのです。ビールが好きだからビールを飲ませるのです。こんな簡単なことが人間には分からないのです。

日本人は八百万の神々と言って神を拝んでいますけれど、本当の神を全然知らないのです。本当の神は抱き合ってダンスができるものです。そうでなければ神とは言わないのです。

神は一番易しい、一番気楽な、一番楽しい、一番もの分かりがいい親爺さんです。衣冠束帯の神ではないのです。冠を被っている神は偽善者です。本当の神を霊というのです。

人間を生かすものは霊である

「生かすものは霊である」とあります（ヨハネによる福音書6・63）。これはすばらしい言葉です。皆様の肉体を肉体として生かしているものは霊です。

地球を地球として生かしているものは霊です。栗を栗としているものが霊です。

皆様が本当の飴の味が知りたければ、飴の甘い味も神であることを知ることです。味も神、舌も神も、舌の感覚も神です。飴の味が分かるという感覚は霊の感覚です。神の感覚です。

皆様の舌の感覚というのは、霊の感覚です。これを肉の感覚として受け取っている。肉体生活を自分の生活だと思っている人は、霊魂のことが全然分からないのです。

肉体生活をしている人は、本当の人間の情緒が分からないのです。本当の情緒は命の本質です。命の本質を味わい分けることが、本当の情緒です。

芭蕉は情緒を掴まえようと考えて、一生涯を棒に振ったのです。「名月や　ああ名月や　名月や」と言いながら、名月を通して、本当の神を掴まえようとしたのですが、分からなかったのです。情緒の本体が分からなかったのです。生かすものは霊であるとありますが、これが神の本体です。エネルギーの本体です。精神的なエネルギー、物理的なエネルギーの本体が神です。

地球を自転公転させているエネルギーが、そのまま皆様の目や耳や舌に入っているのです。これが分かると初めて、皆様はああ自分は万物の霊長だということが分かるのです。

万物はたくさんありますが、自分の舌に神があるということが分からないのです。これが分かりますと、神の国が分かるのです。神のジャンルです。神の領域です。これが分かるのです。皆様には目の黒いうちに、神の国に絶対に入って頂きたいのです。ここに入りますと、死なない命がありありと分かるのです。

まず皆様には霊において貧しくなるということを勉強して頂きたいのです。霊において貧しいとはどういうことか。イエスは、「こころの貧しい人たちは、さいわいである」と言っています（マタイによる福音書6・3）。霊において貧しいとは英訳で、the poor in spirit となっています。

霊において貧しいということを、キリスト教では説明ができないのです。霊において貧しいとはどういうことか分からないのです。ところが、日本では分かった人がいるのです。

例えば、千利休は一期一会を本当に考えていたようです。一期一会を本当に考えられるのは、霊において貧しい者です。霊において貧しくない者は一期一会を考えることができないのです。

太閤殿下秀吉の逆鱗に触れて利休は切腹したのです。しかし、千利休は霊において貧しいということが少し分かっていたようです。もう一人は柳生但馬守宗矩《やぎゅうたじまのかみむねのり》です。柳生新陰流の無刀取りの極意の創設者です。無刀取りは霊において貧しくないとできないのです。

剣道の極意も、茶道の極意も同じものです。般若波羅蜜多が本当にできなければ、無刀取りはできません。このように宗教ではない般若心経をよく経験してお話しするとよく分かるのです。般若心経はこれほどすばらしいものです。

皆様がお読みになっている般若心経は、ただ読んでいるだけですから、般若心経が泣いているのです。

般若波羅蜜多を考えるという勇気を持って頂きたい。柔和謙遜で勇気を持つのです。そうしたら、彼岸へ渡るということが分かるのです。

13. 般若波羅蜜多の心

般若波羅蜜多というのは、彼岸へ渡る自分がいるというのです。これは死んでしまう自分ではないのです。死ぬのではなくて、行く人の方です。彼岸へ渡るというのは行くことです。また、現世の常識に従って生きていて、絶対に死んでしまうと思っている自分がいるのです。そのように、私たちは無意識に二通りの人として生きていることを、直感的に知っているのです。

般若心経は現世に人間が生きているのは、ただの幻だと言っているのです。色即是空、五蘊皆空ということは、現世に人間が生きているのは幻だということになるのです。例えば、皆様に非常に親密になっている人がいるとして、その人が死んだとします。その人についての思い出が、まるで現実世界にその人がいるように、まざまざとした実感があるはずです。実感はあるけれど、その人はいなくなっている。呼んでも泣いても、その人はいないのです。

これはどういうことでしょうか。実はその人が肉体的にいたということが幻です。それよりも、自分が肉体的にこの世にいることが幻です。これが色即是空です。色というのは、物質的に存在するものは何かの色があるということです。物質的存在を現わしているのです。物質的に存在することが空である。これが色即是空です。

ところが、空であるに決まっているものなら、どうしてそういうものが存在するのかということの説明ができないのです。宗教はやたらに経典を使って、お賽銭をあげさせてお金儲けをしているのです。

現世の宗教は、現世では通用します。この世を去ることになりますと、寺も教会もない所へ行くことになります。そうすると、仏教で言っているような理屈は一切通用しないのです。通用する訳がないのです。

現世でさえも、日蓮の教えは日蓮宗だけで通用するのです。禅宗では通用しないのです。そのように現世でさえも、自分と同じ宗派の人だけしか通用しない。この世を去ってしまうことになりますと、寺も教会もない所へ行くことになります。そこで、宗教が通用すると考えることがおかしいのです。これが日本の宗教のとんでもない間違いです。

死んでからでも通用するように宗教は言います。死んでから死んでからと言いますけれど、死んでから極楽へ行けなかったとすると、誰に文句を言ったらいいのでしょうか。寺のお坊さんはその時いないのです。そこで困るのです。そういうことが宗教のインチキ性です。はっきりしたことを言わないのです。命をはっきり教えないのです。命とは何であるかが分からないからです。

市役所に届けている人間、戸籍謄本に書かれている人間と、毎日生きている人間とは違うのです。二人の人間が一人の形で生きているのです。

般若心経は現実的に生きている人間に対して語られている手紙のようなものです。般若心経の中に舎利子という言葉がありますが、これは舎利子という人に宛てた手紙みたいなものであることを意味します。舎利子というのは現実の世界に生きている人です。現実の世界に肉体的に生きていた人に対する手紙、短い論説のようなものです。

聖書はこの世に生きている人間に宛てたものではないのです。人間の魂に対して宛てられたものです。聖書は大きく言えば手紙のようなものです。神の福音というのは手紙という意味です。喜びの訪れであって、神から人間に与えた手紙ということです。人間に与えたという意味は、この世の人間に与えたという意味ではなくて、魂に対して与えられたものです。

この世の人間に与えられた手紙が般若心経です。だから、般若心経は生きている人間は空だと繰り返し言っているのです。五蘊皆空、究竟涅槃というように、現在生きていることが空であると繰り返し言っているのです。

現実の人間に対しては空ということが本当です。宗教を信じるのは空ではないと思うから信じるのです。自分が何とかなりたい。極楽へ行きたいと考えるから、宗教を信じるのです。幸せになりたい、極楽へ行きたいと考えるから、宗教を信じるのでしょう。般若心経はそれに対して、現実に生きているのは幻だから、現世に生きているのは空だと言っているのです。

これは非常に簡単明瞭な事実です。空ではない人間はいるのかというと、人が生きているというその事がらが空ではないのです。自分だと思っている人間は空です。ところが、心臓が動いているということは空ではないのです。これは実です。心臓が動いていること、目が見えること、仕事ができるということは、固有名詞の人間とは関係がないのです。人間としての本質、本性が魂です。魂としての自分を発見すれば、死なない命が分かるのです。霊魂である自分を見つけたら、とこしえの命が分かるのです。

イエスは復活したのです。イエスは霊魂である自分をはっきり見つけて、霊魂として生活したのです。魂として生活した。ただそれだけのことです。

皆様は人間として生きています。だから死ぬのです。人間として生きることをやめて、魂として生きることを見つけさえすれば、死なない命を見つけることは何でもないのです。やる気があれば、誰でもできるのです。

今年は二〇二〇年ですが、これはキリスト紀元です。イエスが死を破ってから二〇二〇年も経っているのです。ところが、人間は死なねばならないと思い込んでいる。人間としての自分がそう思い込んでいるのです。

人間が思っていることは間違っているのです。死なねばならないと思い込んでいるのは、五蘊皆空という言葉で考えますと、間違っているのです。死なねばならないのではない。死なねばならない人間しか知らないのです。市役所に届けてある人間しか知らないからです。固有名詞のついた人間のことしか知らないのです。魂としての自分を認識していない。だから、死なねばならないことになるのです。

魂である自分を見つければ、死なない自分が簡単に分かるのです。その変わりに、現実の世界に生きていることが幻であることが実感できなければいけないのです。

先に言いましたように、いくら親しくしていた人でも死んでしまうと、その人はいなくなるのです。いたということは確かに事実です。こういう話をしたとか、一緒に食事をしたとか、何処かへ行ったという事実はありますが、本人はいない。

これをよく考えれば、現世に人間がいることがただの幻であることが分かるのです。友人が生きていたことも幻である。現在自分が生きていることも幻です。やがて日本もなくなるでしょう。日本という国があることが幻です。文明があることが幻です。核戦争が勃発すれば、文明は潰滅してしまうのです。簡単なことです。今の世界は本当に信頼ができる世界ではないのです。

ところが、皆様は文明が確かに存在するもののように考えています。そのように考えさせられているのです。文明は頼りになるものではありません。国も頼りにならないのです。社会も頼りになりません。文明の本質が人間の本当の命を考えていないからです。ただ生活だけを考えている。それが政治、経済です。その中で皆様は生きているのです。

そこで、人間の命とは何か、魂とは何かを真剣に考えて頂きたいのです。皆様はそういうことが分からない状態で、ついうかうかと三十年、五十年を生きてきました。それが間違っているのです。命を考えないで、五十年、六十年生きてきたことが、皆様の怠慢です。今からでも遅くないですから、目の黒いうちにそういう間違った生き方をやめて、命とは何なのかを考えて頂きたいのです。

キリスト紀元というのは、イエスが復活したことによって、新しい人間の歴史が始まったことを意味するのです。人間は死ぬのではない。死を破ることができるのだということをイエスが証明したのです。これによって、人間に新しい歴史が発生したのです。これをキリスト紀元というのです。キリスト紀元に生きている皆様方は、イエスの復活にあやかっている方ばかりです。二〇二〇年に生きているということは、人間が死ななくてもよいことになってから、二〇二〇年も経っているということです。それを未だに人間は死ななければならないと考えている。ここに文明の大きな間違いがあるのです。

14. 観世音

この世の中のあり方を冷静に、綿密に見ていくと、初めからあった命の本質が分かるのです。これが観自在です。観世音と言っても、観自在と言っても同じことです。観世音とはこの世の中の実体を見極めることであって、このために人間は生まれてきたのです。観世音になるためにこの世に出てきたのです。

観世音は人生目的を持っているのです。これが分かりますと、商売が勝手にできるのです。勝手に商売が繁盛するのです。真面目に働くという気持ちさえあれば、人間は絶対に生活ができるに決まっているのです。生活のことを考えるよりも観世音のことを考えさえすれば、本当の幸福が分かるのです。死なない命が分かるのです。本当の般若心経は、観世音そのもの、観自在そのものを示しているのです。

般若心経では人間の悟りは分かりますけれど、永遠の命の実物を掴まえることはできないのです。究竟涅槃を見極めること、人間が空になった状態を見極めること、これが般若心経の目的です。

しかし、究竟涅槃は悟りにはなりますけれど、救いにはならないのです。永遠の命、死なない命の実体は般若心経には書いていません。だから、どうしても聖書を勉強しなければならないのです。

聖書はキリスト教とは違います。キリスト教は絶対にだめです。世界中で一番悪いのはキリスト教です。仏教も悪いのですが、キリスト教はもっと悪いのです。キリストの名によってキリストに反抗している、神の名によって神に反抗しているからです。

本当の聖書は皆様に本当の命を与えるのです。本当の命を知る前に、今まで生きてきた自分の妄念を、処分しなければならない。これが涅槃です。妄念を処分すれば、本当の命を見極めることができる。これが聖書です。そこで、宗教ではない般若心経の悟りと、聖書による命の勉強と、この二つがどうしても必要になるのです。

15. 仏とは

日本にはたくさんの宗教がありまして、訳の分からないことを言っていますが、命のことを本当に考えている宗教は一つもありません。皆、般若心経や聖書を宗教の売り物にしているのです。

釈尊がもう一度出てきたら、日本中の寺をかたっぱしから焼いてしまうでしょう。キリストがもう一度地上に出てきたら、日本中のキリスト教はつぶされるでしょう。

世間並の考えで生きている人は、必ず死にます。死ぬに決まっている。それが分かっていながらどうして命のことを勉強しないのでしょうか。生活のことだけを考えて命のことを考えないというのは、人間の不心得千万な状態です。

今まで日本で宗教家ではない般若心経と言った人は、一人もいなかったのです。道元も、親鸞も、日蓮も弘法大師も、皆宗教家でした。宗教家はこの世に生きている人間が幸福になるという夢みたいなことを言っているのです。この世に生きている人間はいくら幸福になっても、必ず死にます。だから、本当の幸福ではないのです。死ぬとはどういうことかを真面目に考えるために、人間はこの世に生まれてきたのです。観自在ということが、簡単明瞭にこのことを言い現わしているのです。

般若心経は観自在という言葉から始まっています。他の仏教経典は、法華経でも華厳経でも、般若経も、全部如是我聞と書いています。私はこのように聞いたと言っているのです。自力宗でも他力宗でも、如是我聞とことわっているのです。お釈迦さんの言葉を自己流に解釈しているのです。これはお釈迦さんの意見とは違います。ことに日本の仏教は、日蓮宗でも、浄土真宗でも、浄土宗、真言宗でも、すべて教祖の意見が宗派の教えになっているのです。親鸞の教えが浄土真宗になっている。これは本当の仏法ではないのです。仏教と仏法は違います。仏法は釈尊の悟りの実体をさしているのです。

仏とは悟ることを意味します。仏とは混線している糸のもつれをほどくことです。人間の命がもつれている。この世に生まれて、生活の垢で泥まみれになっている。命とは何か、何のために人間が生きているのか全く分からない。これは人生のもつれであって、これを解くことが仏です。

仏とは悟ることです。人間の考えが混線している状態を解いていくことが仏であって、観自在となっていますが、鳩摩羅什《くまらじゅう》の訳ですと観世音になります。観自在と訳しても観世音と訳しても同じことです。

観自在とはどういうことかと言いますと、自とは初めからという意味です。在とはあったということです。自在とは初めからあったという意味です。初めからあったものを見たことが観自在です。

皆様が現在生きている人生は、初めからあったものが肉体となって現われているのです。初めからあったものとは、皆様の命の本質です。命の本質が肉体となって地上に現われているのがです。

人間というのは固有名詞の自分です。市役所に登録されているのが人間です。表札に書いているのが人間です。これは世間的に生きている人間であって、皆様の正体は初めからあった命の本質が肉体となって現われたもの、つまり魂です。これが皆様の本体です。魂は固有名詞の人間に関係がないのです。家庭の事情、結婚をしているとかしていないとかにも関係がないのです。命の実質がよく分からない状態でいくら結婚しても、家庭を持っても、何にもならないのです。私たちは命の本質を見極めるためにこの世に生まれてきたのであって、この世で生活をするためではありません。

皆様は考え違いをしているのです。大多数の日本人は、ただ生活をするために生きているのです。般若心経や聖書の勉強よりも、商売の方が大切だと思っている。家庭のこと、自分の生活の方が大切だと思っている。世間並の常識で考えるならそれでもいいかもしれませんが、そう考えている人は全部死んでいるのです。本末転倒した考えをしているのです。

何のために生活があるのか。何のために商売をしているのか。魂のためです。命を守るために商売が必要です。命を考えない状態でいくら商売が繁盛しても何の価値もないのです。日本人はこういうとんでもない考え違いをしているのです。

生きていながら命が分からないというのは、魂にとって一番恥ずかしいことです。科学や政治経済のことは分かるが、命のことは全く分からない。こういう愚かな日本人がほとんどです。だから、皆死んでしまうのです。日本社会の次元が低すぎるのです。

大体、地球は何のためにできたのかということです。地球があるから皆様の命があるのです。地球は何のためにあるのか、従って自分の命は何のためにあるのか、こういうことを現代人は考えようとしないのです。

キリスト教でも仏教でも、宗教をいくら勉強しても本当の命は分かりません。命を明らかにしてくれる教えは全然ないのです。

皆様が文明を信用していると、とんでもないことになります。文明は死んでいった人間が造ったものです。やがて文明は壊滅状態になるでしょう。収拾できない大混乱に陥るでしょう。国といっても社会といっても、危ないものです。将来どうなるか分からないのです。

日本の国は国家目的を持っていないのです。日本の国が何のためにあるのか分からないのです。政治家も大学教授も、宗教の指導者も分からない。これは帰港地を持たない船、到着する目的地を持たない飛行機みたいなものです。帰港地を持たない船は漂流するだけです。到着する目的地を持たない飛行機は、やがてどうなるのでしょうか。何処かへ墜落するしかないでしょう。目的を持たない日本の国も世界の文明も、やがて自滅することになるしかないのです。

命の本質が人間という格好で現われている。観自在はこれを見たのです。初めからある命の本質を見たのです。自分が生まれる前の命の実質を見たのです。般若心経はこれが言いたいのです。

五蘊皆空とは何か。五蘊とは人間の常識です。人間の常識は全部空です。空っぽだと言っているのです。世音とはこの世のことです。例えば、太陽が輝いていること、花が咲いていること、人が生きていることです。観自在は世音をはっきり見たのです。現象世界の実体をはっきり見る。そうすると、初めからあった命の本質が分かるのです。

花はなぜ咲いているのか、太陽はなぜ輝いているのか、地球はなぜ自転公転しているのか。自転、公転している惑星は宇宙広しと言えども、たった一つ地球だけです。昼があり夜があるのは、太陽系の中でも地球だけです。地球以外の惑星には、昼か夜のどちらかしかないのです。地球にだけ昼と夜があるのです。現在の学問は、この意味が分からないのです。現在の学問は、人間がこの世に生活していることだけしか考えていないのであって、学問を信頼しているとひどいめにあうのです。

16. 明けの明星の実体

仏教は彼岸と言いながら、彼岸の実体を説明することができません。これは仏教という思想の見解が小さいからです。釈尊は仏教を説いたのではありません。仏法を悟ったのです。明けの明星を見たことによって、彼岸の実質を見たのです。それを説明しても一般の人間には分からない。そこで生活の心得のようなことを説いた。これが仏教になっているのです。

仏法と仏教は全然違います。これが日本の仏教家に分かっていない。釈尊が見た明けの明星は何であるのか。釈尊は一体何を見たのか。これが説明できる人が日本には一人もいないのです。

実は明けの明星は聖書を見なければ分からないのです。皆様のような素人でも、聖書を厳密に調べれば分かります。仏教のお坊さんは聖書を全然調べていませんから、釈尊が見た明けの明星がどういうものか分からないのです。だから、仏教信者はいいかげんにごまかされているのです。お賽銭ばかりをまきあげられているのです。お坊さんにお経を唱えてもらっても、全然値打ちがないし、般若心経を写経して千円をつけて寺へ送っても、何のご利益もないのです。道楽ですするのは自由ですが、ご利益は絶対にないのです。般若心経を写経してご利益を期待させるのが間違っているのです。

彼岸は新約聖書を調べて、神の国を勉強しないと分かりません。「人は誰でも新しく生まれなければ神の国を見ることができない」とイエスが言っているのです。「水と霊とから新しく生まれて神の国へ入れ」と言っています（ヨハネによる福音書3・3〜5）。これが新約聖書の般若波羅蜜多です。

新約聖書だけに神の国があるのです。「時は満ちた。神の国は近づいた。悔い改めて福音を信じよ」と言っています（マルコによる福音書1・15）。この神の国と般若心経の彼岸は同じものです。釈尊が明けの明星を見たのはイエスがいう神の国を見たのです。ですから、西洋文明の真髄と東洋文明の真髄は一つのものです。イエスの教えは釈尊の悟りと同じものです。仏法の本当の悟りは、イエス・キリストを見ることです。

もう亡くなりましたが、山田無文さんが、「悟っただけではだめだ、悟った後にイエス様のようにならなければいけない」と何回も言っていました。これが本当です。ところが、山田無文さんは本当のイエスを知らずに死んでしまったのです。イエス・キリトの復活を知らなかったので、無文さんは死んでしまったのです。無文さんは仏教大学の教授よりよほど正直でしたが、間違っていたのです。本当の真実を知らなかったからです。

皆様が今生きている命は、死ななければならない命です。これは皆様もよく分かっているはずです。十人が十人、百人が百人共、死なねばならないことは十分に分かっているでしょう。分かっていながら皆様は死なねばならない命にかじりついているのです。

現代の学校教育はそういうことを教えるのです。死なねばならない命にかじりつくことを文明というのです。そういう文明をなぜ信じるのでしょうか。そういう教育をなぜ信じるのでしょうか。その意味で義務教育は大変悪いのです。義務的に人間の魂を死なねばならないようにしているのです。勉強をすればするほど、人間の魂は死んでしまうのです。文明はそういうばかなことをしているのです。

現代文明のために魂が殺されている。皆様を殺すのは現代文明です。文明は人殺しです。これをユダヤ主義というのです。文明はユダヤ主義の生活観念であって、皆様はユダヤ文明の犠牲になって殺されてしまっているのです。

皆様は死なねばならないに決まっていることが分かっていながら、なお死んでいく命にかじりついている。そういうばかなことをやめて頂きたい。それが嫌なら勝手に死んで下さい。死んだら必ず地獄が待っています。文明の向こうには地獄があるに決まっているのです。

人間文明は神に逆らっているのです。ユダヤ主義は神に逆らっているのです。神に反逆して人間の栄光ばかりを求めている。その結果神をばかにしているのです。学問をすればするほど、ますます神をばかにしているのです。神をばかにするから、命がいよいよ分からなくなるのです。般若波羅蜜多がさっぱり分からなくなるのです。

今の日本人は命について皆目分からない状態になっているのです。これは現代教育のせいです。政治も悪いのですが、今更政治が悪いと言っても仕方がないのです。政治が悪くても、社会が悪くても、結局皆様はその責任を負わされるのです。皆様が現世を去っていく時に、政治家が魂の負担を背負ってくれるのではありません。政治家は現世の人間の生活の面倒だけを見るのです。しかし、人生は現世にいる間だけではないのです。

人間の本性は魂です。仏典は一万七千六百巻という膨大な経典でできていますが、その中に魂という字が一字も無いのです。なぜ無いのかと言いますと、実は般若心経は二百七十六字ありますけれど、この中に魂という文字が無いのです。魂のことばかりを言っているのです。般若心経そのものが、魂の説明をしているからです。魂のことばかりを言っているのです。般若波羅蜜多とは魂のことです。五蘊皆空、色即是空、究竟涅槃という言葉が、全部魂の説明になっているのです。だから、魂という言葉を特別用いなければならない必要はないのです。

大乗仏教そのものが魂の説明をしているのです。大無量寿経とか仏説阿弥陀経が、皆魂の説明をしているのです。阿弥陀如来、帰命無量寿如来という言葉は、魂のことを言っているのです。阿弥陀如来というのは魂の本質、本性のことです。

人が生まれる前から持っている本具の自性があります。これは生まれる前からの先天性です。人は生まれる前に神と一緒に住んでいた。お天とうさんと一緒にいたのです。人間はどんな人でも本性的にお天とうさんを知っているのです。

皆様は生まれる前にお天とうさんと一緒にいたのです。そうして、この世に生まれてきました。だから、お天とうさんのことはよく知っているのです。男と女のこともよく知っているのです。人の五官の本質は、生まれる前の命のあり方から来ているのです。生まれる前の命のあり方が現在肉体となって現われている。これを魂というのです。魂が分からなくなったのは、学校教育によって皆様の頭が悪くなったからです。

皆様はこの世に生まれてきた時には、こういうことを皆知っていたのです。ところが、学校へ行ったために、だんだん分からなくなったのです。これが学校教育の極悪非道の弊害です。明治政府は大変な間違いをしたのです。西欧文明を無批判に受け入れてしまった。ユダヤ主義の悪さが日本へ流れ込んで、日本本来の良さがほとんど無くなってしまった。その結果、魂が全然分からなくなったのです。

現代文明のために、人類の魂が抹殺されてしまったのです。般若心経をよくよく読めば、魂が分かるはずです。般若心経は魂の説明をしているのです。般若心経が分からない人は、自分の魂が分からない人です。般若心経は難しいことを言っているのではありません。現実に生きている本当の姿を書いているのです。

空というのはあると思えばある、ないと思えばないことです。皆様の命はあると思えばあります。ないと思えばないのです。人間はいつ死ぬか分からない。だから、人間の命は空です。

肉体もあると思えばありますし、ないと思えばないのです。心臓が止まれば肉体もなくなるのです。だから、人間の生活はあると思えばありますし、ないと思えばないのです。これを空というのであって、般若心経はこれを言いたいのです。

そのような状態で生きている人間の有様のことを、魂というのです。昔の人はこれくらいのことは知っていたのです。生あるものは必ず死する。形あるものは必ずこわれることを知っていたのです。今の日本人はこれを全く知らない。人間が完全に変わってしまったのです。それだけ日本人が悪くなっている。ユダヤ的、白人的に悪くなっているのです。

宇宙構造全体の中心をなすものが神です。人間の人格は人間構造の中心ですが、これが宇宙構造の中心である神を認識していれば、人格は永遠に通用するのです。

宇宙構造の人格性は永遠のものです。現実構造は時間空間が現実的に存在している間しか通用しないのです。ところが、学校教育によって、宇宙構造と現実構造の見分けがつかなくなっている。教育という名によって、人間が非教育なものにされているのです。だから、宇宙構造が全く分からないものになっているのです。

皆様の人格性は本来から言えば永遠に通じるものでなければならないのです。神に通じるものでなければならないのです。ところが、現代文明の魂の状態は、全く分からないものになっている。現実の生活のことしか分からないのです。

皆様は政治のこと、経済のこと、法律、教育のこと、利害得失のことしか分からなくなっている。永遠のこと、宇宙のこと、時間、空間の本質が、全然分からなくなっている。人間の人格が生活していることだけに束縛されているのです。皆様の意識が、生活にだけ束縛されているのです。永遠の命を考える余裕が全く無くなっている。これは現代教育のせいです。皆様は教育を受けたおかげで、魂が盲目になっているのです。

宇宙人格の反映が人間人格であって、死んでしまうわけにはいかないのです。消えてしまうわけにはいかないのです。宇宙人格は神です。人間人格は現世に生きている魂のことです。人間の魂が神の人格を反映する機能を持っているのです。だから、この世を去ったからと言って、消滅するわけにはいかないのです。生れる前に皆様の前世があったように、死んでからも後世があるに決まっているのです。このことを良く考えて頂きたいのです。

現代文明は学校教育万能であって、これしか考えないのが政治です。現在の政治に魂を預けるわけにはいかないのです。皆様は自分自身の魂をどうするつもりでしょうか。知らぬ存ぜぬでは通用しないのです。

科学は時間空間を初めから認めていますが、時間空間を証明する科学はないのです。時間空間があると考えなければ科学という概念が成立しないのですが、これは人間の概念であって真実ではないのです。

白人文明は人間の命の実体を捉えていないのです。何のために人間が生きているのか、何のために日本という国があるのか説明ができないのです。説明ができない文明が存在しているのです。

文明によって人間の魂が殺されている。これが人間の本当の姿です。政治、経済の姿です。目の黒いうちはこれでごまかせますが、心臓が止まったらごまかせないのです。

皆様の精神構造の中心をなしている魂がどうなるかということです。仏教はこれについて教えてくれません。キリスト教も教えてくれません。人々は一体どうするのでしょうか。放っておけば日本人は全部地獄へ行くでしょう。日本人どころか、世界中の人が地獄へ行くのです。たとえ少数の人でも地獄へ行かないようにと私は切に願っているのです。

日本人で魂の責任を持てる人が一人もいないのです。宗教はだめです。宗教は人間が造ったなぐさめごとです。宗教で言っている神や仏は、全部人間が造った理屈です。そんなものをいくら信じても、魂の救いにはなりません。

現実の問題として、今皆様の魂の目が開いていません。生きていながら、時間空間の実体が分かっていない。皆様は時間空間の本体と接触しながら生きているのです。ところが、時間空間の本体が全く分かっていない。だから、死んでしまいますと、皆様の魂は宇宙の本体を知らないままになります。これが魂の死です。魂の死は墓の下へいくこととは違います。地獄へ行くことです。魂がこの世を去ると、惨憺たる状態になります。死んでからすぐにそういう状態になるのではありませんが、しばらくの間眠っているのです。人間文明が滅んでから、魂の裁きが始まる。それから、魂は惨憺たる状態におかれるのです。

私たちは歴史の中心のことがらを勉強しなければならないのです。命の勉強をしなければならないのです。命の流れが色々な形になって、歴史を造っている。これが世の中です。これを勉強しなければいけないのです。

現在の人間の考え方、特に日本人の考え方は、生活については非常に熱心ですが、生命のことを全く考えていない。日本は外国から、無宗教の国だとひやかされています。エコノミック・アニマルと言われ、金儲けだけを考えていると言われています。生活のこと、経済のことは一生懸命に考えるが、命のことを全く考えない国民になっているのです。

何のために生活しているのかと言えば、働かなければ食べられないから働いているというでしょう。日本人は働き蜂のように働いてはいるけれど、肝心要の命のことは全く考えようとしていない。これはどういうことでしょうか。生きるために働くことは分かります。なぜ生きなければならないのかが分かっていないのです。これは、大変な見落としをしているのでありまして、日本人だけの欠陥というより、世界全体の文明の基本的な誤りであると言えるでしょう。

日本は明治、大正以降急速に発達した国で、富国強兵という考えで、国が豊かになり、兵隊が強くなることばかりを考えていた。その結果、第二次世界大戦によって、ひどい目にあったのです。国が亡びることだけは助かったものの、国民は悲惨な目にあわされたのです。

なぜそういうことになったのかと言いますと、富国強兵という考え方の根本に、非常に危険な見落としがあったからです。国家経営について重大な見落としがあり、第二次世界大戦で貴重な税金を支払わされたのです。

何処が間違っていたのかと言いますと、生きているという事実について、真面目に考えなかったからです。生活をすることについては考えていたけれど、生きるということについて真面目に考えなかった。そのためにひどいめにあわされたのです。

現在、また、それをくり返しているのです。経済成長は結構なことですが、命の問題、生命の問題、何のために生きているのかについて全く考えようとしていない。これがいけないのです。

日本の政治家は非常に無責任です。政治は日本の古語で言いますとまつりごとであって、人間自身の生活の実体をさすのです。人間の生活の実体はまつりごとです。まつりごとの世話をするのが政治家の役目です。

まつりごとというのは、まつることです。御霊（みたま）をまつることです。人間が生きていることの実体は、魂です。言葉を変えて丁寧に言いますと、みたま（御霊）です。死んだ人のまつりをすること、また生きている自分自身のまつりをすることが、命という考え方に直結していたのです。例えば、万葉の時代、古今集の時代には、まつりごとという考えがはっきりあったのです。今の時代に、命を真面目に考えている人は一人もいないでしょう。生活のことは考えますが、命のことは全く考えない。これは全く間違った考えです。命のためにこそ生活があるはずです。

17. 観自在、観世音

永遠の命を掴むためには、観自在、観世音がどうしても必要です。私たちが現世へ来たのは何のためかと言いますと、すべての現象、人間の欲望の状態、人が生きている時の状態、この世の中の政治、経済、社会の状態、人間の考えの間違いを勉強するためです。

肉体があるのはしばらくの間です。しばらくの間しか存在しないという状態で現われて、この世という大きい教室で勉強をさせられているのです。時間、空間というのは、大きな教室です。この中で、八十年、九十年の間、勉強をさせられているのです。

地球ができたことによって、初めて、時間、空間が宇宙にできたのです。地球が消滅すると、時間、空間も消えるのです。その後に永遠が展開するのです。永遠に役に立つ人間を造るために、今神が七十七億の人間を生かしているのですが、この中で本当に役に立つ人間は、ほんのわずかでしょう。そういう人を養成するために、人を地球上で生かしているのです。

観自在、観世音が人間の目的です。これを実行すれば、常楽我浄という四つの徳が与えられる。即ち永遠の命を与えられるのです。現世に人間が生まれてきたのは、この勉強をするためだけです。

中興の祖と言われる白隠禅師は、世間の人間が煩悩愛憎の念を捨ててしまえば、皆観世音になれると言っていますが、これが間違っているのです。白隠はイエスを知らなかったのです。

煩悩愛憎の念を捨てても、命の原態を掴まえなければ本当の観世音にはなれないのです。

本当の観世音というのは、存在感覚で見ることです。これが仏教では分からないのです。キリスト教でも分からない。存在原理が物質になって現われているだけです。今の人間に、存在が分からないのです。哲学者も宗教学者も存在が分からないのです。「私は、有って在る者」ということが（出エジプト記3・14）、何のことかさっぱり分からない。これを知るためには、まず観音さんになることです。そうすれば、存在ということ、永遠の生命が分かるのです。

太陽系宇宙という不思議なものがあって、私たちはそれを毎日経験しているのです。この不思議な奇妙なものを経験していながら、命が分からない人は、地獄へ行くしかないのです。

人間がこの世に生まれてきたというのは、全く不思議な縁です。人間の魂がこの世に現われるということは、めったにないことです。

千載一遇という言葉がありますが、世界が始まる前から終わるまで、宇宙に大異変が生じて、神の御霊という宇宙のエネルギーが、人間の人格という形になって現われた。

そうして、人格が一種特別の世界観、価値観によって、自分自身のあり方の本体の姿を会得できるようになっている。

この全体の構造のスケールを、客観的に眺めているのが仏法です。ところが、客観的に眺めているだけではだめです。

宇宙構造は、本質的に命という不思議なものによって、構造されているのです。

本来、地球ができるまではそういうことはなかったのですが、地球ができたことによって命の働きが全面的に押し出されたのです。これが天地創造です。

それを、仏典は全体的に説明しようとしているのですけれど、人間が生きていることをふまえて、その範囲内で人間の側から見ようとしている。だから、全体的なスケールが分からないのです。

仏典は何を言っているのかと言いますと、万物があるということと、人間がいるということを、人間の側から説明しようとしているのです。だらだらと色々な方面から説明しているのですが、結局は分からないのです。命が分からないからです。

命が宇宙に展開しているスケールが、仏典では掴めないのです。仏とは悟るという立場です。この出発点が小さいので、存在の根底の説明ができないのです。だから、仏典をいくら勉強しても、本当の命は分からないのです。

日本で本当に真面目に仏教の研究をしたのは、道元、親鸞くらいのものです。弘法大師も日蓮も、もう一つです。個性的な見解が強すぎるのです。

道元と親鸞だけは、客観的に独自の立場から、命の本体にせまろうとしたのです。この二人は、非常に真面目な考えをしていたようです。

本当に感心ができるのは、親鸞だけです。彼は一生懸命に勉強した。自力と他力の両方を勉強したけれど、どうしても命の真髄にふれることができなかった。とうとう仏教をやめてしまったのです。これが親鸞の偉い所です。

親鸞の宗教は、強いて言うなら、乞食そのものです。乞食をすることが親鸞の宗教であって、今の本願寺とは、天と地の違いがあるのです。

人間は宇宙構造が分からないので、人間存在が分からないのです。人間存在は、宇宙構造を縮小したものです。人間存在の構造さえ分かれば、宇宙構造は自然に解明できるのです。神も仏も自由に分かるのです。

人間の立場に立てば、仏になります。神の立場に立てば、キリストになります。それが違うだけです。宗教は宇宙構造と人間構造を、一つにして考えることができないのです。

約二千年前に、イエスが現われました。それ以外に、彼のような人間が現われたことがないのです。このイエスが、死なない命を生きて見せたのです。従って、死なない命を掴むためには、イエスの生き方を勉強する以外にはないのです。

今の人間は、死んでしまう人間ばかりです、死んでしまう人間から、死なない人間に戸籍を変更しなければならない。これがなかなかできないのです。

なぜできないのかと言いますと、自分の気持ちで生きているからです。自分の気持ちで生きている人間は、絶対にだめです。死ぬしかないのです。

太陽宇宙だけが、宇宙構造と言えるのです。太陽系以外に、宇宙構造という言葉が使えるものがないのです。太陽系宇宙の構造が、人間という一瞬の存在に縮小されて現われているのです。

自我意識を持っている人間は、全部悪魔の子です。これは死んでしまうに決まっています。死んだら地獄へ行くに決まっているのです。

人間ではなく、イエスと同じ存在になってしまえば、宇宙と同じになります。こうなる可能性は十分にあるのです。

ところが、そうなることを人間は嫌がるのです。仏典や聖書の勉強をしようと思っているからです。これがだめです。

聖書があるのではありません。人が生きているということがあるのです。本当に心を開いて人間存在の本質を見るなら、イエスと同じようになることができるでしょう。

心を開かない人は仕方がない。やる気がないから、死ぬしかしょうがないのです。

地球計画とは人間計画です。人間は後にも先にも、六千年間現われているだけです。その前にも後にも、永遠に現われないのです。

人間存在が現われて、自分の意志によって生活を始めたのは、永遠から永遠にいたる宇宙の中で、たった六千年間だけです。顕微鏡で見ても分からないくらい、小さな短い時間です。

しかも、現世に生きているのは、たった八十年か、九十年です。その間に、イエスのような人間になるというのは、普通はできないことです。だから、どうしてもしなさいとは言えないのですが、しなければ地獄へ行くしかないのです。

人間存在がそのまま聖書です。それを知らずに聖書を信じようと思う。聖書の勉強をしようと思っている。だから、何を言われても分からないのです。

人が生かされている客観的事実を見ようとしないで、自分が聖書を勉強しようと考えている。この根性がある人は、どうしても分からないのです。

女の人が料理を作ると、何とも言えないおいしいものを作ります。これは、その人自身が宇宙であることを証明しているのです。

大宇宙を縮小したものが太陽系宇宙です。それをさらに縮小したのが人間自身です。地球計画は人間計画と同じです。これにキリストというふりがなをつけるといいのです。

人間は、自分が生きているというばかなことを考えているから、これが全然分からないのです。自分が生きているという人間にかぎって、聖書を勉強しようと考えるのです。そうすると、宗教になってしまうのです。

パウロは言っています。

「しかし、信じたことのない者を、どうして呼び求めることがあろうか。聞いたことのない者を、どうして信じることがあろうか。どうして聞くことがあろうか。遣わされなくては、どうして宣べ伝える者がいなくては、どうして聞くことがあろうか。宣べ伝えることがあろうか。『ああ、麗しいかな、良き訪れを告げる者の足は』と書いてあるとおりである。

しかし、すべての人が福音に聞き従ったのではない。イザヤは、『主よ、だれが私たちから聞いたことを信じましたか』と言っている。従って、信仰は聞くことによるのであり、聞くことはキリストの言葉から来るのである。しかし、私は言う。彼らには聞こえなかったのであろうか。否、むしろ『その声は全地に響き渡り、その言葉は世界の果てにまで及んだ』」（ローマ人への手紙10・14〜18）。

四季折々の花が咲くこと、鳥が鳴くこと、山のたたずまい、川の流れ、森羅万象はすべてキリストの言葉です。こういうものを私たちは、毎日、いやと言うほど見せられている。だから、知らなかったとは誰も言えないのです。

パウロは、人間自身が現在生きている状態の真髄をそのまま言っているのです。ところが、それが分からない。だから死んでいくのです。

死ななければならないに決まっている人間が、この地球上に七十七億人もいる。こんなおかしなことがあるのです。

人間は、時間的な無限が理解できるのです。五千年前のことも、五万年前のことも、五十万年前のことも言われると分かるのです。これは、無限の時間が理解できるということです。

将来地球はどうなるのかという話を聞けば分かるのです。人は永遠の過去と、永遠の未来の両方が理解できるのです。これは、人の理性の働きが、永遠性を持っているということです。

時間的なことだけでなくて、地球のこと、太陽系宇宙のこと、銀河系宇宙のこと、アンドロメダ星のこと、大宇宙全体のことも、話を聞けばだいたい分かるのです。空間全体を認識する能力があるからです。

人の理性や人格は、神の御霊の働きがそのまま人の内に働いているのです。理性と良心の能力は、神と同じものです。神と同じ思考能力、可能性を持っている。時間的にも空間的にも、無限から無限のすばらしいスケールを持っているのです。そのくせ、自分が生きているという、ばかなことを考えているのです。

自分の内にある能力を、冷静に考えたら分かるのです。永遠から永遠への、すばらしい能力性を持っているのです。黙示録にある大きな白い御座（グレイト・ホワイト・スローン great white throne）が、人が生きている真髄です。人の内にあるのは、集約的に言えば、グレイト・ホワイト・スローンと同じものです（ヨハネの黙示録20・21）。

無心になれば、すぐ分かるのです。自分という意識を捨てて、無心になればいいのです。そうすれば、本来の自分の本質に、溶け込んでしまえるのです。神の御座の中に入ってしまえるのです。そうすると、人の存在が、神の御座の存在と同じになるのです。これが永遠の命です。

二十年間、三十年間、仏典や聖書を勉強してもだめです。ところが、自分の存在を通れば分かるのです。自分の存在を通れば、それが永遠、無限の価値を持っていることが分かるのです。

自分が生きていると考えるから、それが全く無意味、無価値になってしまうのです。

魂が肉体をもって、この世に現われるということは、めったにないことです。今、私たちは、魂がごろごろしている条件の中で生きていますから、魂は何処にでもあると思えますが、魂が人格として、宇宙構造の中に現われるということは、未来永劫といえる無限の時間、無限の空間から考えても、めったにないことです。

魂が自覚状態として現われるという不思議なことは、本来ありえないことです。これはそのまま生ける神の子です。これが分からない人は、全部地獄へ行くしかないのです。

自分という人間がいると思っている人は、地獄へ行くしかないのです。地獄へ行けば、永遠の裁きという恐ろしいことが待っているのです。

18. 空

空を掴まえますと、地球の原点が分かるのです。地球は空から出てきたのです。初めは地球はなかった。なかったというのが空です。空は何もなかったのかというと、何もなかったのとは違うのです。何かがあったのです。現在の森羅万象ができる物理的、心理的な原因があったのです。これが空です。物理的、心理的な原因があって、それが今の地球として現われているのです。原因がなかったら万物はできないのです。

空が天地万物の基礎です。これがなければ天地万物はできないのです。空のことを聖書は地のちりと言っています（創世記2・7）。ちりが空の原点です。空に言が働く、空が言を刺激しますと、万物が生まれるのです。

「すべてのものは言《ことば》によって造られた」とあります（ヨハネによる福音書1・1〜3）。言とはエネルギーのことです。ちりは原形です。土のちりで人が造られたというのは、こういう意味です。これがキリスト教ではどうしても分かりません。空が分からないからです。

皆様は現在地球に住んでいますが、地球の回りを重厚なちりの層が取り巻いています。ちりがなかったら地球に生物は発生しなかったのです。地球に海があり、雨が降り、野菜や果物、牛や豚、魚が育つのは、ちりのおかげです。ちりがなかったら、こういうものは全く生まれないでしょう。

現在の科学では、ちりがどういうものか全然分からないのです。ちりは物質ではありません。非物質でもないのです。物質は固体か液体かガス体のどれかに属するのです。ところが、ちりは固体でも液体でもガス体でもありません。ちりは物質の三体の中に入らないのです。従って、物質ではないのです。顕微鏡では見えますが、その実体が分からない。原子でもないのです。

聖書に、「また、私は天と地、地の下と海の中にあるすべての造られたもの、そして、それらの中にあるすべてのものの言う声を聞いた」とあります（ヨハネの黙示録5・13）。すべての造られたものというのは、あらゆる意味での物質的な存在をさしています。その中にあるすべてのものとありますから、現在の物理学で言えば素粒子と言えるでしょう。その中にあるものとは、素粒子の中にあるものという意味です。これは人間が捉えられないもの、神だけしか分からないもので、これがちりです。万物は人間が意識できるものです。顕微鏡で見ることができるものです。これがすべてのものです。ところが、人間が学問的にも感覚的にも捉えることができないものがある。これが物の中にある物です。これが空、ちりです。

ちりを別の言葉で言いますと、生き物となるのです。これは人間の学問では説明ができないのです。原子という面と物質の両方の面があるのです。これをマインド（mind）と言います。マインドは不思議なものです。半分は心理的なものであり、半分は物質的なものです。神は地球を造る前に、マインドを造っていたのです。これが人間創造の奥義です。人間の原形は不思議なもので、ちりです。これを掴まえることを、空を見るというのです。

地球を造る前に神は何をしていたのか。オーガスチンは、「神は昼寝をしていたと思っている人を、どのように罰しようかと考えていた」と、半分冗談めいたことを言っていますが、彼は人間創造が全然分からなかったのです。

色即是空、空即是色と般若心経は言っていますが、空とは何かが仏教では説明できないのです。曹洞宗の偉いお坊さんが、空とはからっぽだということを、しきりに雑誌に書いていました。これは大間違いです。空の実体を全く知らないからこういうことを言っているのです。空はからっぽではありません。聖書を勉強していない人に、空の説明は絶対にできないのです。

空の実体はちりです。聖書に「神は土のちりで人を造った」と書いています(創世記2・7)。「おまえたちはちりだから、ちりに帰れ」と言っています(同3・19)。ちりに帰れとは空に帰れということです。般若心経でいう五蘊皆空は、聖書では「おまえたちはちりだから、ちりに帰れ」という言葉に相当するのです。般若心経と聖書の両方を見ていくと、これが分かってくるのです。

地球の回りにはたくさんのちりが取りまいています。このために、太陽光線が地球に直射しないのです。もしちりがなかったら、地表の温度は数百度、あるいは数千度になるかもしれないのです。そうしたら、生物は全く成育できないのです。

ちりは精神的にも科学的にも働くのです。これが太陽と地球を執り成しているのです。ちりが人間の原形です。地球はちりであるあなたがたによってできているのです。だから、人間が万物の霊長になって、来るべき新しい世界を指導するのは、当然のことです。ちりである自分が分かると、初めて、色即是空が分かるのです。五蘊皆空の真意が分かるのです。

ちりという言葉は英語ではダスト（dust）になっていますが、ダストという意味と少し違うようです。日本語のちりという訳も正確ではないようです。正確には訳しようがない言葉です。聖書の各所を調べてみると、ちりの意味が分かってくるのです。

詩篇でモーセは次のように述べています。

「主よ、あなたは世々われらのすみかでいらせられる。山がまだ生まれず、あなたが世界を造られなかった時、とこしえからとこしえまで、あなたは神でいらせられる。あなたは人をちりに帰らせて言われます。『人の子よ、帰れ』と」（90・1〜3）。

神が地球を造る前に、死ぬべき人間を砕いてちりにしたと不思議なことを書いているのです。皆様の原形は、地球ができる前に死ぬべきものが粉々にされて、ちりになった。このちりで人を造ったとあるのです。生まれる前の人間はちりだった。このちりが地球の回りを取り巻いているのです。しかも、ちりが太陽のものすごいエネルギーを中和して、地球に降り注がせている。ちりが地球環境を保護しているのです。地球になぜこんなに大量の水があるのか。それはちりがあるからです。ちりがなかったら、こんなに大量の水は地球に存在しないのです。火星や金星に大量の水が存在しないのは、大量のちりが存在していないからです。

皆様の原形はちりであって、ちりが地球を生かしているのです。ちりの別名をマインドというのです。人間はいないのです。ちりが人のような格好になっているだけです。神は放っておけば死んでしまうものをちりにした。その結果、一時的に死なないものになった。それに形を与えたのが赤ちゃんです。生まれた直後の赤ん坊は、目が見えて耳が聞こえるのです。この時の赤ちゃんには迷いは一切ないのです。ところが、一週間もすると見えなくなり、聞こえなくなるのです。これを聖書は罪の下に売られたと言っているのです（ローマ人への手紙7・14）。カルマの中へ放り込まれた。人間は業の塊になってしまった。これが今の大人です。

皆様は本来、死ぬべきものではなかったのです。この世に生まれたから死んだのです。だから、死んだ状態から逃げ出すことができるのです。これができた人は死なない命が分かるのです。皆様はこの世に生まれて、業《ごう》の虜になった。一度、業の虜になって、業の真中を突破してきたものでなかったら、神の役に立たないのです。欲の真中を通り越して、欲をクリアーしなければならないのです。業、欲の向こうへ出てしまうのです。こういう経験を経てきたものでなかったら、万物の長にはなれないのです。

皆様は万物の長になれるのです。これが現世に生まれてきた理由です。有形的な地球はやがて壊滅するでしょう。今の地球は、原水爆の力でも崩壊できるのです。人間の科学的な力でさえも地球を滅すことはできるのです。ましてや、神の力が働いたら、地球は一瞬のうちに消滅するのです。

その後、永遠に消えない世界ができるのです。今の物質ではない、完全な物質ができるのです。これを聖書は霊なるものと言っています。完璧無類の世界ができるのです。科学は実はこれをねらっていますが、それがどういうものか分からないのです。滅びないもの、消えないもの、新陳代謝しないもの、永遠の物理的存在があるべきだと考えていますが、どうすればそれに到ることができるか分からないのです。科学者が聖書を勉強していないからです。アインシュタインは少し分かりかかったが、死んでしまった。時間の本質、空間の本質に突っ込みかかったが死んで中断してしまったのです。

最高の物理学者なら、今の物質は不完全だから、不完全ではない消滅しない物質、風化しない物質、完全な物質がなければならないと思うはずですが、どうしたらそれを発見できるか分からないのです。

今の学問のレベルが低すぎるのです。科学者も神学者も、聖書を勉強しなければ真理が分からないのです。万物の長になる魂なら、当然このくらいのことは分からなければならないのです。神の相談相手になれるくらいでなければならないのです。神の召使いになろうと思えば、全知全能の神が分からなければならないのです。

人間として生きていれば、必ず死にます。これはもったいないことです。命に生きているのですから、目の黒いうちに、命を掴まえて頂きたいのです。

19. 般若心経と聖書

般若心経だけでは本当の命は分かりません。また、聖書だけでは難しすぎるのです。般若心経は人間が発生した原理が全然分からないのです。また、人間が将来どうなるのか、死んでからどうなるのかということを一切説いていないのです。

現世が五蘊皆空だということだけを克明に説いているのです。般若心経は現世のことだけしか説いていないのです。

般若心経によれば、現世が空だということはよく分かります。なぜ現世が空なのか。空である現世がなぜ存在しているのかという説明が、般若心経には一切ありません。聖書を勉強しないとこれが分からないのです。

聖書は人間は神から命の息を吹き込まれたと書いています。神から命の息を吹き込まれた人間が、どうして実存状態であるのかということです。このことについて聖書に説明されているのです。

般若心経は現世の人間生活の理念が五蘊皆空であると書いています。これは聖書にも書かれてはいますけれども、はっきりしていない点があるのです。

聖書には命についての説明がたくさんありすぎるために、空という面の説明が少なすぎるのです。そこで、なぜ人間の生活が空なのかという説明になりますと、般若心経の論理がどうしても必要になるのです。そこで、仏教ではない般若心経と、キリスト教ではない聖書の両方がどうしてもいるのです。

般若心経と聖書の二つを合わせますと、宗教ではない命が見えてくるのです。般若心経と聖を一つにして勉強しますと、宗教であると言っても宗教ではないと言っても同じことになるのです。つまり、宗教ではなくなるのです。だから、宗教ではないといちいち言わなくてもいいことになるのです。

皆様は命を真面目に考える必要があるのです。皆様の命は自分のものではありません。自分が生きているのではありません。自分の命はないのです。命が自分の所へ来ているのです。そうして、自分が生かされているのです。

自分が命を経験させられているのであって、自分が生きているのではないのです。正反対になるのです。

もう一度言いますと、自分が生きているのではありません。命が自分の所へやって来ているのです。命を経験させられているのです。

命をなぜ経験させられているのかと言いますと、宇宙にたった一つの尊い命ですから、生きていることを経験することによって、命の本質を弁えるためです。そうして、この世を去ってからこの命はどうなるのかということを勉強するために、命を経験しているのです。命が肉体的に働いていますけれど、やがて肉体から離れるに決まっているのです。肉体から離れると、命はどうなるのか。

命の本質に従って命を正しく経験していた人は、永遠に命の経験ができるのです。

肉体は命の入れ物ですから、やがてだめになります。そういう状態になってからでも、命を正しく経験していたら、その経験が生きてくるのです。

自分が生活しているのではなくて、命そのものがその人を生かしているのです。そうすると、心臓が止まってからでもその人の命はあるのです。この状態をとこしえの命というのです。

経験しているのは自分の命ではなくて、神の命です。皆様が神の命を経験している。生きていることが神の実物を命として経験しているのです。

命というのは神のことです。神の実体のことです。神の実質が命です。ごまかさなくてもいいのです。生きていることが神です。自分が神ではありません。生きているその命が神です。

自分の命の尊さをよくよく弁えることができた人は、心臓が止まってからでも、命の中へ入り込んでいくことができるのです。これをとこしえの命というのです。これを皆様に学んで頂きたいのです。

これは宗教の話ではありません。命の本質を弁えることです。イエス・キリストの復活というのはこういうことです。イエス・キリストが死人の中から甦ったというのは、イエス・キリストが命を正しく弁えていたからです。そこで、イエスは十字架に付けられて死んでしまったけれど、甦ったのです。

甦りの命というのは、今皆様が生きている命とは違うのです。別の命です。別の命を経験するためには、現世に自分が生きているという間違った考えを脱ぎ捨ててしまう必要があるのです。

現世に自分が生きているのではない。自分の魂が神を経験しているのです。自分の魂が神の実物を経験しているのです。私はこのことを皆様と一緒に勉強したいと思っているのです。

皆様が生きているということが神です。生きているということが神ですから、皆様が真面目になれば死ぬはずがないのです。そこで、生きていることが神であるという事実を、皆様が認識したらいいのです。

今までの常識を捨てて、自分の霊魂の眼を開くのです。霊魂の眼を開いて、本当の命を認識するような生き方を勉強して頂きたいのです。

現在、皆様は生きているという形で、神の実物を経験しているのですから、これは勉強するつもりさえあれば誰でもできるのです。自分自身を空じてしまうという真面目な気持ちさえあれば、皆様は神と一緒に生きていけるのです。これを実行してください。私が実行していますから、皆様も実行できるのです。

どうぞ勇気を持って命を勉強して頂きたいのです。死んではいけません。今生きているのが神です。自分が生きているのではありません。神が自分という格好で生きているのです。これをインマヌエルの神と言います。

神が皆様と一緒にいるのです。こういう状態で生きていることをイエスというのです。イエスとして生きることがキリストです。

皆様は自分が生きているということにおいて、本当の神の実験をしているのだと考えて、自分という自我意識を整理してしまうのです。自我意識がない自分を発見するのです。そうすると、五蘊皆空がよく分かるのです。

20. 真実の鉱脈

人生問題を考える場合、日本人は人間とは何かという立場から出発します。相当哲学を深く勉強している人でも、人間とは何かと言えば、人生観の問題だと考えておられるようです。これが間違っているのです。

誰でも、今生きている人間を人間と見ています。仏教ではこれを生死という言葉を使っています。道元禅師は、「生死の内に仏あれば、生死なし」と言っています。生きるという字と、死ぬという字をくっつけて、生死《しょうじ》と発音します。生死を人生の問題だと考えている。これが日本人の宗教観念の一大欠点です。これは日本人だけではなくて、欧米人でも、アジア、アフリカの人々でも、生死の問題をすべて人生問題として取り扱っている。こういう考えでは、本当の人間は絶対に分かりません。

宗教は人間について述べているのです。人間と神との関係を説明するのです。これは欧米人の考えです。私は宗教ではない般若心経、聖書と言っていますが、宗教ではないとはどういうことかと言いますと、人生問題ではないということです。

生きるか死ぬかはどういうことなのか。死ぬというのは人生観の問題ではなくて、世界観のテーマです。こういう考えを、日本の宗教家も哲学者もしていないのです。

日本の宗教の相当有名な管長さんでも、死ぬというのは人生問題だと思っているのです。これが、職業宗教家、職業哲学者の常例です。

死ぬか生きるかということは、人生観の領域の問題ではなくて、世界観の領域に属するのです。なぜかと言いますと、死ぬということは、人間が人間ではなくなることです。

生まれるというのは、どこからか現われてくることです。人間という生物が現われてくる。また、消えていくということは、世界観の問題です。地球があるかないかという問題であって、万物が存在することの一つが、人間が存在することです。

人間は万物から離れて存在するものではありません。また、地球から離れて、独自に存在するものでもありません。人間は地球と一緒にいるのです。万物と一緒にいるのです。

大自然の一部が人間であって、人間がいることは世界があることと同じテーマです。それをあたかも人間が世界から離れて別にいるもののように考えている。これが今日の宗教や哲学の根本的な錯覚です。だから、死ぬということが分からないのです。

自分がいないということも、自分自身の問題ではなくて、世界観の問題です。これは死とは何かということと同じことです。

日本人は世界観のことをほとんど考えようとしない。この意味で、次元が非常に低いのです。地球が何のために存在するのかを考えている学者、宗教家は、日本には一人もいないのです。宗教家は全部人生観の講釈ばかりをしているのです。これが間違っているのです。

ところが、幸いにして般若心経は、そういうことを言っていません。色即是空、空即是色、五蘊皆空は、世界観の問題であって、人生観の問題ではないと言っているのです。般若心経の基本精神は世界観を説いている。ここに般若心経の特色があるのです。

般若心経の冒頭には、如是我聞という言葉がついていません。どんな経文でも、如是我聞という言葉から始まっているのです。これが宗教です。人生を徹底的に究明しようと思えば、人生観の問題ではなくて、世界観の問題にすべきです。このことをまず提言したいのです。

自分はいないというのは、そういうことです。自分はいないというのは、人間としての自分はいないという意味で、万物としての人はいます。地球の一部としての人はいるのです。

自分がいないということを、自分が考えていてはだめです。これは空念仏になってしまうのです。堂々巡りになります。自分がいないというのは、人間の意識を持って、何十年間この世に生きてきたという自分が、嘘であったという意味です。大自然の一部としての自分はいます。しかし、個我としての人間はいないのです。人間は地球の一部であって、個我という人間が存在するというのは、根本的に間違っているのです。

ところが、般若心経には空という字と無という字を混同している所があります。是故空中無色　無受想行識　無眼耳鼻舌身意　無色聲香味触法と言っています。是故空中とは、この故に空においてこれを見れば、無眼耳鼻舌身意、人間の五官はないとなるのです。人間の五官によって感じる色聲香味触法もないというのです。これが般若心経の思想の次元が少し低い所です。

般若心経は地球が存在することについて、はっきりとした説明ができないのです。これは仏法の根本的な宿命です。仏教のジャンルでは、地球存在がなぜあるのかについての説明ができない。説明不可能です。

仏教には徹底した世界観がないのです。仮に私が徹底した世界観を申し上げても、それはあなたの独断だと言われるでしょう。日本人としての皆様の見識から言えば、私の説明は独断だと思われるのです。

地球は被造物です。被造物とは造られたものということです。造られたものなら、造ったものがあるに決まっています。造ったものを仏教では説明ができないのです。仏教は無神論ですから、しょうがないのです。

地球はなぜあるのか。人間という妙な生物が、なぜ地球からわいて出てきたのか。例えば人間は病気になると思っていますが、世界的、宇宙的な角度から言えば、病気は存在しないのです。

地球には欠陥があります。例えば、地震、台風、洪水、旱魃、飢饉、病気、噴火など、様々な災害が発生します。このように地球には欠陥があるのです。なぜ地球にこういう欠陥があるのか。こういう説明は造り主を勉強しないと分からないのです。これはもはや宗教の問題ではないのです。人間の常識は小さすぎるのです。狭すぎるのです。この考えを根本から変えてしまうという徹底的な大改造をしなければならないのです。

人間としてしなければならないことは、こういう問題を考えなければならないということです。人生観だけではだめです。世界観で究明していかなければならない。そういう勇気を持って頂きたいのです。

釈尊はこういう大問題を知っていたけれども、言い様がなかったのでしょう。説明のしようがなかったのでしょう。これは地球存在にかかわる最高のテーマです。こういう問題を究明するという度胸を持って頂きたいのです。

人間はたった一回だけこの世に生まれてきたのです。輪廻転生というばかな考えを捨てて、現在生きている人生で最善を尽くしたいと考えて頂きたい。最高の最善を尽くしたいと考えて頂きたいのです。そうして、人間を離れて人間を見るという度胸を持って頂きたいのです。

私は宗教を目の仇にしているのではありません。目の仇にする必要はないのです。ところが、宗教の本質をよく理解しないで宗教に信用をおきすぎると、とんでもないことになるのです。

宗教は現在生きている人間に幸福を与える、死んでから極楽とか天国へ連れていくというのです。現世に生きている間も、色々な形の幸せを与えると言っているのです。これはけっこうなことですが、現世に生きている人間を幸せにするという考え方が、とんでもない考え違いになるのです。

何のために人間は生きているのか。これを考えないで生きている人間が幸せになるのは、どういう値打ちがあるのかということです。生きている人間が幸せになってみた所で、必ず死ななければならないのです。

　この世に人間が生まれてきたことが、業《ごう》です。だから、色々な矛盾とか、悲しみ苦しみが、次から次へとわいてくるのです。これはこの世に生まれてきたことが業だからそうなるのです。そのことを知らずに、業を持ったままの人間が幸せになると考えることが、とんでもない考え違いです。これを冷静に考えて頂きたいのです。

　この世に生まれてきた人間は、業を背負って生まれてきたのであって、業を背負っているということが人間の苦しみの原因です。その原因を解決しようとしないで、矛盾を背中に背負ったままで、幸せになろうと考えることが、間違っているのです。

　般若心経の良さは、それを真っ向から指摘しているのです。般若波羅蜜多というのは、向こう岸へ渡る上等の知恵を言っているのです。向こう岸へ渡ることが目的でありまして、現世に生きているままで幸せになるという小さなことを言っているのではないのです。

　肉体人間が楽しみを味わえば味わうほど、ますます業が深くなるのです。これが宗教では分からないのです。

21. カルマ

人間がこの世に生まれたことが業《ごう》です。カルマです。この世に生まれてきたことは、とんでもない業を背負わされたことです。しかし、この世に生まれてきた以上、真理を悟らない訳にはいかないのです。皆様は神を十分に知るだけの力、命の実体を十分に知るだけの能力があるのです。私が話すことを難しいと考えないで頂きたいのです。私が分かることは皆様に分かるに決まっているのです。

業《ごう》に勝つのです。業というのはこの世に生まれたくない人間がこの世に生まれたということです。皆様はこの世に生まれたいと思ったことはないでしょう。この世に生まれたくない人間が、この世に強制的に生み出されたのです。これが業です。

何のためにこの世に強制的に生み出されたのかと言いますと、皆様に与えられている理性や良心を克明に勉強するためです。理性と良心をよく勉強するのです。そうすると、命の本質が分かるのです。

これが分かれば死ななくなるのです。ただ死ななくなるだけではなくて、天と万物の主になるのです。万物の主になるのです。

大体、人間は万物の長です。だから、万物の主になるのは当たり前です。現在人間は自然科学の力によって、物質をある程度変えたりできます。遺伝子の組み替えによって、生物のあり方を変えることができます。原子爆弾さえも造るのですが、そういう程度の低いものではなくて、もっと程度の高い命の実体を掴まえるような考え方をすれば、万物の霊長としての働きは十分にできるのです。

原子核弾は殺すため、破壊するためにあるのですが、殺すためではなくて、万物を生かす本当の命が、皆様には理解できるに決まっているのです。これを人間というのです。

このような人間になれば、皆様は死なないどころか、永遠に万物の主として、神と同じような仕事をすることができるのです。

ここに人間の本当の栄光があるのです。業を果たせばそうなるのです。業に負けたら地獄へ行くのです。業に勝てば万物の主になるのです。人間は業に勝つために生きているのです。

仏典に本具の自性という言葉があります。皆様が生きている命は、本具の自性の命です。これは死なない命です。

皆様は本来死なない命を持って生まれたはずです。本具の自性は死にたくないという願いを持っているのです。これは本願とも言います。

皆様は時間や空間を生きているのです。常日頃、生活でそれを使いこなしているのです。これが人間の生活です。時間、空間は人間が造ったものではありません。時間、空間は宇宙の本具の自性が現われているのです。

本具の自性というのは、本当の命のあり方という意味です。宇宙の本当の命のあり方が、時間、空間になって現われている。これを神というのです。

皆様は宇宙の本当の命、宇宙の真髄である命が現われている時間や空間というものを、使いこなしているのです。皆様の本具の自性は、宇宙の本具の自性を使いこなすだけの力を持っているのです。

時間、空間を平気で使いこなしているところを見れば、皆様の霊魂の本質は、宇宙の大生命の真髄を十分に知っているはずです。

ところが、皆様は自分が生きているというばかな思いのために、神が分からなくなっているのです。時間、空間の本質が分からなくなっているのです。そこで、死んでしまうのです。

皆様の本具の自性は死なないものです。死なない命を持って生まれていながら、この世で生きている生き方が間違っているために、死ななければならないことになっているのです。

死ななければならないだけならいいのですが、死んだ後に裁かれることになるのです。皆様は現在、時間や空間を使いこなしています。だから、自分が生きているを生き方を本当に知ることができさえすれば、また、自分自身の生きざま、自分の生態を知ることができさえすれば、死なない命を見つけることは十分にできるのです。

ところが、文明というばかなものに騙されて、政治、経済、学校教育に騙されて、ばかになっているのです。だから、本具の自性である霊魂が、時間、空間を生きこなしていながら、魂が死んでしまっているのです。

現実の生活では、時間、空間をこなしていながら、精神的には死んでしまっているのです。こういうばかなことをしているのです。これを文明というのです。ばかな文明です。

皆様が受けた学校教育はこういうばかなものです。皆様自身の命を殺してしまうようなものです。皆様の霊魂の存在、本具の自性を殺してしまうようなものです。そのためにせっかく持って生まれた命、時間、空間を使いこなすような命を持っていながら、死んでしまうことになるのです。

人間は時間、空間を使いこなしていながら、時間、空間の本質がさっぱり分からない。これはどういうことでしょうか。これをばかと言わずに何と言ったらいいのでしょうか。人間はそういうばかなことをしているのです。だから、死んだらろくなことはないのです。

死んだら皆様の魂は惨憺たる状態になるのです。自分の命を無駄に生きているからです。日本人は一人もこれが分かっていないのです。

日本人は般若心経を千年の間読んでいながら、般若波羅蜜多が少しも分かっていないのです。何のために人間は生きているのでしょうか。皆様は死んだら、必ず地獄へ行くのです。

地獄は本来ないのですけれど、皆様の生活態度が間違っているために、自分自身で毎日、毎日、地獄を造っているのです。だから、地獄へ行くことになるのです。

皆様の生活の根本原理が間違っているということを、まずはっきり承知して頂きたいのです。政治、経済というばかなものに騙されて、学校教育というばかなものに騙されて、皆様の人格は本質を失っているのです。だから、この世を去ってしまうとひどい目に会うのです。

皆様は生きていながら命が分からないのです。生きているということは、時間、空間を使いこなしているということです。時間、空間を現実に使いこなしていながら、そのことが自分で分からないのです。これは自分で自分の命を踏みにじっていることになるのです。こういう生活をやめて、般若波羅蜜多を考えて頂きたいのです。

人間の常識、知識というものが、初めから間違っているのです。人間の命を殺すものが常識、知識です。時間、空間を使いこなしている本来の状態に帰って頂きたいのです。

人間はただ生活していると、自分の生活のことしか考えません。自分の命の将来のこと、死んだらどうなるのかということを全く真面目に考えようとしないのです。

命について直面目に考えようという気持ちが起きてきますと、今の状態で生きているけれど一体何をしているのか、生活をしていることが何をしていることになるのだろうかということを考えるようになるのです。

こういうことを真面目に考えるのが、正常な人生です。こういうことを真面目に考えられない人は、初めからその霊魂は死んでいるのです。

生活は必要です。ところが、生活することには目的がなければならないのです。生活目的がなければならないのです。ところが、現代人は生活目的を持っていないのです。

子供を大学へ入れるとか、家を建てるとかいう目的を持っている人はたくさんいます。貯金をするとか、保険に入るというのは生活目的ですが、人生の目的ではないのです。人間がこの世で生活していくことの目的です。

恋愛とか結婚、職業というのは皆現世で生きている場合の問題です。これは生活問題に属する話です。これは誰でもできるのです。これは人生目的ではなくて生活目的です。

私たちに必要なものは、何のために生きているのかという人生目的です。現代の人間にはこれが全くないのです。人間の魂が死んでしまっているからです。

現代人の魂は学校教育のために殺されているのです。従って、人生を真面目に考える力を失っているのです。だから、般若心経を読んでも、般若波羅蜜多の意味が分からないのです。

般若波羅蜜多というのは彼岸へ渡る知恵をいうのですが、彼岸へ渡るということの意味が分からないのです。だから、そういう知恵を持たねばならないとは思えないのです。

般若心経の文句をいくら読んでみても、五蘊皆空とか色即是空といくら読んでみても分からないのです。

白人には色即是空ということが、皆目分かりません。キリスト教という宗教を信じている人は、色即是空が全く分かっていないのです。だから、自分が救われると思っているのです。死んでから天国へ行けると思っているのです。こういうばかなことを考えているのです。

生きているうちに、時間、空間が分からなかった者が、死んでからどうして天国へ行けるのでしょうか。生きているうちにはっきり人生目的を考えなかった人、現世に生きていることだけを考えていた人、魂の目的を持っていなかった人が、死んでから天国へ行けるというばかばかしいことがあるはずがないのです。

これはキリスト教だけではありません。仏教でも仏国浄土へ行けるということを考えているのです。仏国浄土も天国も同じことです。これは宗教の夢物語です。そういう宗教の夢物語を信じて現実に生きている人間が、このまま天国や極楽へ行けると思っている。こんなことはあり得ないのです。

現実に生きていながら、時間、空間の本質が分かっていない者が、死んでから天国へ行くとか、極楽へ行くというばかなことがあるはずがないのです。

宗教は人間を騙しているのです。仏教もキリスト教も、天理教もPL教団も、日本にあるあらゆる宗教、もっと大きく言えば全世界の宗教は、全部人間の霊魂を殺しているのです。

皆様は宗教によって騙されている。人間の魂が殺されている。宗教は文明の一翼を担っているのです。宗教や教育は文明の一翼を担っているのですが、文明そのものが間違っているのです。だから文明を担いでいる宗教は間違っているに決まっているのです。

文明に賛成している教育も間違っているのです。学校教育は社会に役に立つ人間を造っている訳ですから、実学教育という意味では価値があるのです。

ところが、人間は社会的に教育されてしまって変質されているのです。人間の考えはこれでいいものだというように、世の中全体の流れによって自分自身の魂が殺されているのです。だから、魂の話を聞いてもさっぱり分からなくなっているのです。

　教育によって洗脳された皆様は死ぬに決まっているのです。今生きている命は、必ず死ななければならない命です。必ず死ななければならない命であることが分かっていながら、その命をやめることができないでしょう。

　死なねばならないことが分かっていながら、その命をやめることができないでしょう。死ぬべき命の外へ出ることができないでしょう。これが皆様の霊魂が文明によって死んでいるという証拠です。文明はそれほど悪いものです。

22. 仏典と聖書の不思議な関係

仏教には第一結集と第二結集とがありまして、第一結集というのは主として小乗仏教です。釈尊入滅後、百年から百五十年位の間に経典が結集されました。ミャンマーやタイの仏教はこの流れらしいのです。大乗仏教は、釈尊入滅後五百五十年から六百年後にアショカ王によって結集されたものです。これが第二結集と言われているものですが、大乗仏教の中にはキリスト教の教義によく似た説がたくさんあるのです。仏説阿弥陀経、大乗量寿経は聖書そっくりです。特に新約聖書ヨハネによる福音書第一章に、非常によく似ているのです。

第二結集の立役者になった人は竜樹です。この人が食わせ者で、すばらしく頭の良い人でした。頭が良かっただけにあやしい面があるのです。釈尊が生まれたのは紀元前五百年頃だと言われています。第一結集は紀元後百年か百五十年位になります。本当に第一集がされたのは百五十年頃だと思われますが、その時代はイエスの弟子たちが既に伝道していたか、イエスの孫弟子たちがインド方面に伝道していたかです。その人々と竜樹が接触したに決まっているのです。竜樹がヒマラヤ方面ですばらしい碩学に出会った。その碩学に、重大なメッセージをもらって、それを基礎にして大乗仏教を編集したという伝説もありますが、そのすばらしい碩学がイエスの孫弟子の人々ではなかったかと思えるのです。

そういうわけでありまして、大乗仏教の中には新約聖書の哲学思想がたくさん入っています。

しかし、仏教の教義は抽象人格ばかりです。阿弥陀如来、大日如来、観世音菩薩といっても、皆、抽象人格で歴史的人物ではありませんから、命の実体ではなくて概念を伝えているのです。私たちは現代の人間存在を根底から検討しなおさなければならないのです。そのためにはどうしても般若心経の原点をしっかり掴まえることが必要です。

般若心経という文化財を、できるだけ強く大きく取り上げる必要があるのです。般若心経と聖書を絶対にするくらいの考え方を持たねばならないのです。

般若心経を踏み台にせずにいくら聖書を勉強してもだめです。般若心経を足台にして初めて、聖書が言う所にどうにか達することができるのです。

般若心経を唱えていて全く念仏のように扱っているのでは、聖書をいくら勉強してもだめです。般若心経の五蘊皆空、色即是空、究竟涅槃のポイントを十分収得しなければ、聖書が分かったとは言えないのです。

現世にいる自分が全くの空々寂々で生きるのです。肉体があるのは仕方がないですが、肉体があってもその自分を問題にしないという生活を送らなければいけないのです。

肉体人間は死んでいくに決まっていますから、死んでいく人間が実存するような気持ちを温存しているのが間違っているのです。釈尊の空を取り入れなかったらだめです。

釈尊の空が基本になって新約聖書ができているのですから、このことをよく知っていただきたいのです。

釈尊の空観が基礎になっていなければ、マタイによる福音書の二章はできていないのです。

マタイによる福音書の第二章がなかったら、三章以下はあり得ないのです。

マタイによる福音書の第二章で、東方の博士がメシアの降誕をお祝いに来たという記事があります。

東方の博士がなぜメシアの降誕に係わっているのか。この説明が世界中の神学者、聖書学者、哲学者、牧師のだれ一人できないのです。

全世界のこれからの文明の展望は、私たちを除いては考えられないのです。

ユダヤ人たちが好むと好まざるとに係わらず、現在新約聖書の原点、イエスがキリストとしてイスラエルで認められることが条件になるのです。

ところが、イエスがキリストであることを認めようとしないのがユダヤ人の意識です。その根本原因を考えてみますと、イエスがベツレヘムで生まれたことについて、ユダヤ人は同意できない感覚があるのです。

ベツレヘムで生まれたあの赤ちゃんがメシアであるということについて、同意できない感覚を持っているのです。それは東方の博士が拝みに来ているからです。

本当にイスラエルのメシアであるのなら、何も異邦人の博士が出てきて拝まなければならない必要がないのです。

メシアはどこまでもイスラエルの王です。ユダヤ人の王ですから、異邦人が拝みに来るのはおかしいのです。それを新約望書は堂々と書いているのです。

東方の博士が黄金と乳香と没薬を持ってイエスを拝みに来た。こういう記事がなぜ新約聖書に必要なのか。東方の博士によって認められなければ、イエスがイスラエルのメシアとして認められないことになるとはどういうことか。

ユダヤ人がベツレヘムのイエスの誕生の時にお祝いに来たのは、わずか数人の牧童でした。こういうものはイスラエルの歴史として、堂々と掲げられる体裁ではないのです。

この件については別のニュアンスがありますが、ユダヤ人としてはたった数人の牧童がイエスを拝みに来た。これだけです。

ユダヤ人は、それが一体何か、それを仰々しく新約聖書で取り上げるほどの事柄かと言いたいのです。私がユダヤ人ならそう言うでしょう。

東方の博士が拝みに来たということは、非常に重大な比重を持っているのです。マタイによる福音書の第二章がなかったら、イエスがキリストであることをどうして証明するのかということです。

盲人の目を開いても、跛なえの足を立たしてもそんなことは魔術師でもするかもしれないのです。指圧師でも腰痛を治してくれます。

とにかくマタイによる福音書第二章に係わるユダヤ人の反撃を、キリスト教はどうして答えられるかということです。私はそれについて十分に答える用意があるのです。

釈尊は東洋でどういう比重を持っているのか。仏教という思想がアジア全体でどういう比重を持っているのかということです。

釈尊の良い所は現世を認めていないということです。これが般若心経の特徴です。現世を認めないということが新約聖書の土台になっているのです。現世そのものを認めていないのです。これが新約聖書の基本原理です。

新約聖書の初めにはイエス・キリストの誕生を書いています。新約聖書の一番終わりには「見よ、私はすべてのものを新にする」と言っています（ヨハネの黙示録21・5）。ヨハネの黙示録に、「見よ、私はすぐに来る」とイエスの再臨を書いています（同22・12）。終わりには、万物を新にするという神の宣言が掲載されています（同21・5）。これが新約聖書の構想です。

これは現世を認めていないということです。イエス・キリストの降誕ということは、現在の世界を祝福するのではないのです。

アブラハムがイサクを産んだという記事を読んでみても、ユダヤの歴史の底を流れているものから取り上げているのです。

旧約聖書の表の流れではない。裏の流れがイエス・キリストの降誕に関するマタイの記録です。それを裏付けるようにして、マタイによる福音書第二章が続いているのです。

数名の牧童と東方の博士がうやうやしく現われたこと、そして、東方の博士の礼拝の仕方がメシアに対する正しい礼拝として、マタイによる福音書の第二章は認めているのです。これをどう考えるかということです。

ユダヤ人はこれに対して反撃したいのです。ユダヤ人がイエスをキリストと認めない理由はこの点にあるのです。

キリスト教は二千年の間、マタイによる福音書の第二章の事を不問に付しているのです。こんなことがあっていいのかと言いたいのです。

クリスマスのお祝いの時には、三人の博士が出ている芝居をします。この芝居は根本的に間違っています。何が間違っているのかと言いますと、三人の東方の博士がベツレヘムに生まれたばかりの赤ちゃんのお祝いに来ているのです。こんなばかなことはあり得ないのです。三人の博士はインドから来て、まずエルサレムに着いたのです。インドの、東方の博士がその時に旅行をするとしますと、土産物を揃えるだけでも二、三ヶ月はかかったでしょう。それからラクダに乗って来るとしますと、半年から十ヶ月くらいはかかったでしょう。

ところが、キリスト教の人々はベツレヘムで誕生した二、三日後に博士が訪れたように考えているのです。だいたい生まれてすぐにマリアが赤ちゃんを抱いて起きられるのかということです。ユダヤ人はこういうことを慎重にするはずです。それを生まれたばかりの赤ちゃんを、東方の博士がお祝いに来たと考えているのです。こういう訳の分からない劇をしているのです。

カトリックの伝統がそのように考えているのです。博士はエルサレムに来たのです。博士たちはどこでキリストが誕生したか分からないのです。そこで「ユダヤ人の王としてお生まれになった方はどこにおられますか。私たちは東の方でその星を見たので、その方を拝みに来ました」と聞いたのです（マタイによる福音書2・2）。

「それはユダヤのベツレヘムです」と言われてベツレヘムに行って、キリストである幼な子に会って祝福したのです。この時会ったのは英訳でチャイルド（child）になっています。ベビー（baby）ではなかったのです。博士たちは多分一才か一才半のイエスに出会ったでしょう。そこでヘロデ王は、ベツレヘムとその付近の地方にいる二才以下の男の子をことごとく殺せと命じたのです。

三人の博士は、東の方でその星を見たのでその方を拝みに来ましたと言っています。星を見て、黄金、乳香、没薬を用意してラクダに乗ってインドからエルサレムに来たのですから、一年か一年半くらいはかかったでしょう。そこでヘロデ王は二才以下の子どもを全部殺したのです。

ところで、インドの三人の博士たちがなぜイエスの誕生を察知したのかということです。星を見て知ったと博士たちが言っていますが、その星とは何かということです。

イエス・キリストが誕生する五百年前にインドで釈尊が生まれました。この釈尊が人間に生老病死があることに大きな疑問を持って出家して、いろんな所で修行しましたがどうしても分からなかった。

そこで、一切の修行と考察をやめて、菩提樹の下で何も考えずに座ったのです。そして、四十日目の早朝に「明けの明星」を見て大悟した。一切空と喝破したのです。言い伝えによれば、釈尊が三十五才の時の、十二月八日でした。

「明けの明星」は太陽が出る直前の星です。釈尊が何を悟ったのかと言いますと、明星が出ている世界は夜です。太陽が出ている世界は昼です。夜と昼は全く違った世界です。夜が終って昼になったとはどういう事か。これによって、釈尊はやがて生老病死がない、永遠無窮、完全無欠の世界が現われることを確信したのです。

現在の地球は矛盾に満ちています。地震、台風、洪水、津波、ガン、エイズ、伝染病、新型コロナウイルスがいつ発生するか分からない世界です。

釈尊が確信した世界はそういうものに一切関係がない、永遠無欠の完全世界です。現在の物理世界が滅びた後に、永遠に滅びない地球が現われるのです。新約聖書はこれを新天新地と言っています。

釈尊はこれを直感したのです。新天新地が本物の世界ですから、それに比べたら現在の不完全な世界は嘘の世界である。そこで、釈尊は現世を一切空と喝破したのです。

釈尊は「明けの明星」を見て、色即是空と喝破した。ところが復活したイエス・キリストは自分のことを「私は輝く明けの明星である」と言っています（ヨハネの黙示録22・16）。釈尊は復活したイエス・キリストを見たのです。ここから一万七千六百巻と言われる膨大な仏典が展開していったのです。

ところが、言い伝えによれば釈尊は「私が説いたことは一切嘘である。やがて本当の人が現われるのでその人に聞きなさい。その人が本当のことをすべて教えてくれる」と言ったのです。「それは外道でしょう」と弟子が言ったら、「それが本当の仏だ」と釈尊が答えたのです。この言葉が言い伝えられて、五百年後に博士たちが星を見てキリストの誕生を察知した。そこで、博士たちがインドから長旅をしてエルサレムに到着したのです。

マタイによる福音書の二章の記事について、キリストの神学者、牧師の考えは全く間違っています。

イスラエルのラビも律法学者もこの事に全く気がついていないのです。キリスト教の新約聖書に対する根本的な誤謬について、認識の誤りをユダヤ人が突けば、カトリックは一言もないでしょう。

マタイによる福音書には、博士たちがベツレヘムにお祝いに来たと書いていないのです。博士たちがキリストとして生まれた赤ちゃんがどこにいるのかを尋ねて、星に導かれてベビーではないチャイルドがいる所へ行ったとあるのです。

聖書にはチャイルドになっています。ところが、カトリックの伝承はベビーとしてのキリストに拝顔したという劇になっているのです。これは意識的に変更したのかどうかは分かりませんが、キリストの誕生という重大な事件について、キリスト教は根本的に間違っているのです。

クリスマスという重大な事件について、キリスト教は完全に間違っている。これだけでもキリスト教を信じる価値はありません。

キリスト教が信じているキリストはイエスではないキリストを信じているのです。キリスト教で造った偽キリストを信じているのです。ベツレヘムでマリアから生まれた赤ちゃんのキリストを信じていないのです。

こういうキリスト教の根本的な急所にメスを入れるくらいの認識が皆様になければならないのです。

博士たちは生まれたキリストを祝福するために黄金と乳香と没薬を持参したのですが、黄金と乳香は集められますが、没薬を土産に持参するために集めようとすると、なかなか大変です。簡単に集められるものではないからです。少なくとも二ヶ月か半年くらいかけなければ、土産として持参するだけの量が集まらなかったはずです。

イスラエルならとにかく、遠方から来たとありますから、ペルシャにしてもインドにしてもその地域では没薬は日常では用いていないはずです。

没薬は旧約の伝承で用いているものですから、ペルシャやインドでは用いていないのです。しかも、イスラエルのメシアに対して没薬を捧げなければならないことを、なぜ博士たちが知っていたのかということです。

異邦人である博士たちが、没薬を捧げなければならないことを知っていたとすれば、その理由があるはずです。当時のメディア・ペルシャの時代にペルシャの大帝国があったのです。その範囲は現在のアフガニスタン、トルキスタンといった大きさの国が百二十七あったのです。現在のアフガニスタンからインドを越えてパキスタンまで広がっていたのです。釈迦が生まれた国も含まれていたのです。

その大ペルシャを指導していたのが、名宰相と言われたユダヤ人のダニエルです。ダニエルが指導していましたから、モーセの掟を用いていたに決まっているのです。そうすると、旧約の原理がインドに広まっていたことは当然考えられるのです。

釈尊は若いうちに皇太子の位置にありましたから、将来の帝王学として旧約聖書の勉強をしていたに違いないのです。

こういうことを底流として認識することによって、釈尊が見た「明けの明星」はどういうものであったのか。釈尊が「明けの明星」をどのように理解したのか。幼年時代の教育において釈尊の心理状態の中に、メシアが非常に強く、印象されていたのではないかと想像されるのです。

ユダヤ思想の目的はメシアの降誕です。このことを釈尊は知っていたに違いないのです。これと「明けの明星」が結びついたのです。これが一切空という大哲学を産んだのです。

このことについていみじくも第三の天にいるイエス・キリスト自身が、私は「輝く明けの明星」であると言っているのです。

「明けの明星」についてはそのままヨハネの黙示録の終わりに「私は輝くものであり、明けの明星である」と二回言っているのです（22・16）。

「明けの明星」は世界歴史に輝くものです。これを釈尊は見たのです。これを見なければ東方の博士が没薬や黄金、乳香を持って、わざわざメシアを礼拝しに来るはずがないのです。

一体異邦人がメシアを礼拝して何になるのでしょうか。東方の博士がメシアを礼拝して何になるかということです。何のために、メシアを礼拝しにインドからやって来たのかということです。こういうことについてキリスト教は全く説明しようとしていないのです。

釈尊の悟りと、イエス・キリストの信仰の二つを合わせて初めて、聖書全体に流れる永遠の生命、神の経綸の全体が分かるのです。

マタイによる福音書は羊飼いについての言及はありません。マタイによる福音書はユダヤ人に対する預言書ですが、ここに羊飼いのことを書かないで三人の博士のことだけ書いています。これは皮肉です。

ユダヤ人が、イエスがメシアであると考えて殺した源流に釈尊がいるのです。釈尊が「明けの明星」を見たという事件がなければ、イエスを殺そうとしなかったに違いないのです。

「明けの明星」の一件がなければ神が、イエスがキリストであることをイスラエルに証をしようとしなかったかもしれないのです。

とにかく釈尊が「明けの明星」を見たという事件は、イスラエルの歴史と重大な係わりがあると言うことができるのです。千年王国が実現すること、イエス・キリストの再臨が実現することについては、釈尊が「明けの明星」を見たことが絶対に必要な関係があるのです。

このように釈尊の悟りと新約聖書は切っても切れない不思議な関係があるのです。

23. 般若波羅蜜多とは何か

般若波羅蜜多というのは、現世を去って、現世ではない霊の世界へ行くことです。これは当たり前の思想です。般若波羅蜜多という思想は、当たり前の思想です。特別に難しいことを考えたり、特別に賢いことを言っているのではないのです。

来世のことを考えるのは当たり前です。考えないのが間違っているのです。明治時代までの日本人は皆こういうことを考えたのです。

明治時代までの親は必ずそう考えたのです。子供たちに、「生あるものは必ず死する。形あるものは必ず壊れる」と教えたのです。

こういうことを教える親は、今の時代には全くいません。明治時代から考えると、現在の世の中は格段に悪くなっているのです。

明治維新のやり方が悪かったのです。本当の文化を考えないで、政治経済の方に重点を置いたからです。これが悪かったのです。明治政府の思想が小さかったのです。

明治政府は欧米の白人文明を無条件で受け入れたのです。受け入れなければ世界と付き合いができないから、やむを得ないということは言えますけれど、現代文明に占領されてしまったのです。

そうして、日本がだんだん悪くなったのです。生あるものは必ず死するのです。形あるものは必ず壊れるのです。皆様は死んだ後の人生を考えるという人になって頂きたいのです。これが永遠の命を考えることになるのです。

般若波羅蜜多という思想はいいのですが、これを思想的にだけ扱っているのが宗教です。私たちはこれを実行することを主張しているのです。

思想的にだけ言っている場合には、どんな立派な思想でも宗教になってしまうのです。実行すれば命になるのです。これをぜひ考えて頂きたいのです。

皆様は私の話が難しい、分からないと言われます。私は幼稚園の子供に、高校生向けの話をしているようなことを言っていますから、難しいのは当然です。

幼稚園の子供は自然に大きくなって小学校へ行けるのです。小学校の子供は大きくなれば中学校へ行けます。ところが、皆様の霊魂は、自然に大きくなるという訳にはいかないのです。

求めなければ大きくならないのです。その人自身が求めることです。質問することです。探し求めることです。探って求めるか、頭で考えて質問するか、とにかく探し求めるということをしなければ、皆様の魂は成長しないのです。

成長しなければどうなるのかと言いますと、自分の霊魂を殺してしまうことになるのです。

皆様は現世に生まれました。やがて現世を去るのです。現世に生まれた霊魂は、命を見つけなければいけないのです。命を見つけた人は、命を持った状態で神の国に入れるのです。命を見つけ損ねた人は、死んだままの状態で現世を去るのです。

人間は百人が百人共、千人が千人共、神に生かされているのです。時間、空間に生きていいます。時間空間の本質は神です。時間、空間に生きているという人は神に生きているのです。現在の文明は、時間、空間の本質を説明しません。文明くらいのものでは説明できないのです。現在の科学は非常にレベルが低いのです。だから、時間、空間の本質を説明することができないのです。

そこで、般若心経の彼岸へ渡るということをしますと、人間の精神状態が良くなるのです。そうすると、私がお話ししていることが難しくないと思われるのです。

私の話が難しいと言っている人は、時間、空間の本質が分かっていない人です。時間、空間の本質が分からないままの状態の人は、自分の命を自分で汚しているのです。自分の命を自分で踏み潰していることになるのです。こういう人は地獄へ行くことになるのです。

地獄はないのですけれど、自分の命を自分で汚しているから、地獄へ行かねばならないように自分でしているのです。

時間、空間の本体は神です。時間、空間の本体と付き合っていながら、時間、空間の本体が分からない状態ですと、地獄へ行くことになるのです。

時間、空間を、七十年も八十年もの間経験していながら、それに対して、難しかった、難しかったと言って死んでしまうとひどいことになるのです。これをよく考えて頂きたいのです。

難しい、難しいと言って困った顔をしないで、難しかったらもっと勉強して頂きたいのです。

こういう点がこのように分からないのですが、どのように考えたらいいのでしょうかと、謙虚な質問をして頂いたらいいのです。

時間、空間に対してもっと謙虚になって頂きたいのです。時間、空間を当たり前のように用いないで、時間、空間に対してもっと勉強しながら謙虚な態度をとって頂きたいのです。

そうして、神に教えてもらうような態度で、神に質問して頂きたいのです。皆様は傲慢です。分からない、分からないというのは、自分の気持ちを神の前に突き出しているのです。こういう傲慢な言い方をしないで謙虚な言い方をして頂きたいのです。そうしたら、神に聞かれて、神に教えてもらえるでしょう。

物理学では物理運動は存在するが、物質は存在しないと言っています。物理学ではそうなるのです。ところが、現在の人間は、物質が存在すると思い込んでいるのです。

現在の人間の常識では、物質が存在すると思っているのです。物理学的に考えるなら、物理運動は存在するが物質は存在しないと考えるのが本当です。だから、原子爆弾ができるのです。

もし物質、物体が本当にあるのなら原子爆弾ができるはずがないのです。物質があるというのは人間の認識の間違いです。

物理運動はあるけれど、物質や物体はないという物理学の原理が正しいというのは、学的に正しいという意味です。だから、原子爆弾ができるのです。

物理運動はあるが物体はないのだということを学問では言っていますけれど、常識ではそれを考えていないのです。そういう間違いが起きてきているのです。

聖書は人間の常識を肉の思いと言っているのです。般若心経ではこれを五蘊皆空と言っているのです。五蘊皆空というのは人間の思いは皆間違っていると言っているのです。色即是空というのは、物質、物体はすべて空だと言っているのです。

物理運動だけがあるという考え方は、般若心経で言えば正しいのです。常識ではそのように考えられません。皆様の肉体は常識的には存在しますけれど、理論的には存在しないのです。従って、自分の肉体は存在していないと考えるのが物理学の見方です。

学問をこのように活用すれば、般若波羅蜜多は当たり前のことです。自分の肉体は存在しないと考えるのです。日本の国は存在しないと考えることが当たり前です。

常識では自分の肉体は存在すると思えるのです。国土が存在すると考えるのです。そう考えなければ現世が成立しないのです。

政治経済は国土があること、人間の肉体があることを信じて成立しているのです。そこで、現世の学問は物理運動という理論を信じることが学問なのか、肉体があることを信じるということが学問なのか、一体どっちが本当なのかということです。

肉体があること、国があることを信じるのが学問なのか、物理運動だけしかないということを信じることが学問なのか、この二つの考え方があるのです。これが現代文明の欠点です。考え方を分裂させてしまっているのです。これを統一するという考え方がないのです。

だから、現代文明、現代の学問を捨ててしまうような大胆な決心がなければ、本当の般若波羅蜜多は分からないのです。

彼岸へ行ってしまうのです。彼岸というのは向こう岸です。日本という国があるのはこちらの岸です。般若波羅蜜多というのは日本という国を問題にしないのです。日本社会を問題にしない所へ、自分の考えを置いてしまうのです。

日本社会を超えてしまって向こう岸へ行ってしまうと、初めて本当の天皇制が分かるのです。今皆様はこちらの岸にいます。現代の日本社会にいますから、天皇制の意味がさっぱり分からないのです。般若波羅蜜多で見れば天皇制の意味がよく分かるのです。

全世界の人間に本当のイエス・キリストの復活の命が分かっていないのです。日曜日はイエス・キリストの復活記念日です。日曜日がイエス・キリストの復活記念日であるのに、イエス・キリストの復活が全く分かっていないのです。

24. 般若心経と聖書を一緒に学ぶ

従来から、般若心経は仏教の経典であり、聖書はキリスト教の教典であると考えられ、各々全く別のジャンルに属するもので、両者に共通点は全くないと考えられてきました。

ところが、釈尊の悟りにいたる境涯を詳しく調べていきますと、驚くべきことに、そこに新約聖書の根底と切っても切れない関係があることが判明したのです。

言い伝えによりますと、釈尊はヒマラヤ山の南のふもとを流れるローヒニー河のほとりの釈迦族の皇太子として生まれました。王シュッドーダナ（浄飯）の姓はゴータマと言い、王の妃マーヤー（摩耶）は、同じ釈迦族の一族でコーリャ族と呼ばれるデーヴァダハ城の姫で、王の従兄弟にあたっていました。

結婚の後、長く二十年以上も子供に恵まれなかったのですが、ある夜、白象が右わきから胎内に入る夢を見て、懐妊し、四月八日、男の子が生まれました。シュッドーダナ王の喜びは例えようがなく、一切の願いが成就したという意味のシッタールタ（菜達多）という名を与えて喜んだのです。

しかしまもなく、マーヤー夫人はこの世を去り、太子は以後、夫人の妹のマハープラシャーパティーによって養育されたと言います。

太子は七歳の時から文武の道を習い、何不自由なく育ち、十九歳の時に太子の母の兄デーヴァダハ城王スプラブッダの娘ヤショーダラーを妃として迎えました。

太子は宮殿にあって歌舞管弦の生活を楽しんだのですが、幼少の頃の母親の死のためか、生老病死について深く考え始めて、その本質をどうしても究めたいと考えるようになりました。

そして太子が二十九歳になって一子ラーフラが生まれた時に、ついに出家の決心をしました。御者のチャンダカを伴い、白馬カンタカにまたがって宮殿を出たのです。

最初にバガヴァ仙人を訪れて苦行の実際を見た後に、アーラーダ・カーラーマと、ウドラカ・ラーマプトラを訪れて、修行をしました。それらは悟りの道ではないと知った皇太子は、マガダ国に行き、ガヤー町のかたわらを流れるナイランジャナー河のほとりのウルヴィルヴァーの村の中で、六年間の厳しい修行をしました。

それは「過去のどのような修行者も、現在のどのような苦行者も、また未来のどのような出家者も、これ以上の苦行をした者はなく、これからもないであろう」と言われたほどに厳しい修行でした。

しかし、この苦行も太子が求めるものを与えませんでした。太子はその修行を捨てて、ナイランジャナー河で沐浴して、スジャーターという娘に乳がゆをもらって、健康を回復したのです。それまで一緒に行動した五人の出家者は、乳がゆを飲んだ太子が堕落したと考えて、太子から去って行ったのです。

たった一人になった太子はすべての自分の考えを捨てて、菩提樹の下で座禅をして座り続けたのです。そして四十九日の早朝に、輝く「明けの明星」を見た時、大悟徹底したのです。言い伝えによれば、太子三十五歳の十二月八日でした。

太子はいったい何を悟ったのか。明けの明星の後には、必ず太陽が出ます。つまり全く新しい世界が現われることを、直感したのです。夜という暗黒の世界が終わって、昼という希望の世界が現われる。生老病死が存在する世界と全く違った世界が現われる。本当の世界、永遠無窮の世界がやがて現われることを悟ったのです。そこで、現在の世界を「一切空」と喝破したのです。

生老病死に関係がない、永遠無窮の世界とは何か。その実体を、イエス・キリストが復活によって示したのです。

イエス・キリストの復活とは何か。イエス・キリストは復活して、厳重に鍵をかけた家に自由に出入りし、食べ物を必要としない体を示したのです。それは、現在の物理次元とは関係がない全く新しい次元の体で、現在の地球が消滅した後に現われる、新天新地を現わしたのです。ところが、復活したイエス・キリストが、自分自身を「私は輝く明けの明星である」と言っているのです（ヨハネの黙示録22・16）。釈尊が見た「明けの明星」とは、復活したイエス・キリスト自身です。釈尊は復活したイエス・キリストを見て、大悟徹底したのです。

言い伝えによれば、釈尊は入滅する前に、「私が今まで説いてきたことは、不完全なものである。やがて本当の人が現われるので、その人に聞きなさい」と言ったのです。

本当の人とは誰か。これが復活したイエス・キリストです。新約聖書に不思議なことが書いてあります。「イエスがヘロデ王の時代に、ユダヤのベツレヘムでお生まれになった時、東から来た博士たちがエルサレムに着いて言った、「ユダヤ人の王としてお生まれになった方は、どこにおられますか。私たちは東の方でその星を見たので、その方を拝みに来ました」。

彼らは王の言うことを聞いて出かけると、見よ、彼らが東方で見た星が、彼らより先に進んで、幼な子のいる所まで行き、その上にとどまった。彼らはその星を見て、非常な喜びにあふれた。そして、家に入って、母マリアのそばにいる幼な子に会い、ひれ伏して拝み、また、宝の箱をあけて、黄金、乳香、没薬などの贈り物を捧げた」（マタイによる福音書2・1、9〜11）。

言い伝えによれば、東方とはインドのことですが、インド人が、なぜユダヤのメシヤを拝みにきたのか。異邦人がなぜ、インドの異邦人が、どうしてユダヤにメシヤが生まれることを察知したのか。何のためにインドからユダヤのベツレヘムにやってきたのか。異邦人である東方の博士たちが、なぜイスラエルのメシヤに対する正式な礼拝の仕方を知っていたのかという、多くの疑問があるのです。

インドからユダヤまでは、ラクダに乗ってきたので、半年はかかったでしょう。乳香と没薬を用意するのにも数ヵ月かかったでしょう。博士たちは、どうしてイエスが誕生する七、八ヵ月前に、それを察知したのでしょうか。はるばるインドから、なぜイエスを拝みに来たのでしょうか。ここに大きな秘密があるのです。

ヘロデ王は、東方から来た博士たちに、「ユダヤ人の王として生まれた方が、どこにおられますか」と聞かれるまで、メシヤが生まれたことを全く知らなかった。もし東方の博士が尋ねなければ、メシヤの存在に全く気がつかなかったでしょう。そうしたら、マタイによる福音書二章はできなかったことになります。また、新約聖書全体が成立しなかったかもしれないのです。東方の博士たちの訪問は、それくらいに重大な意味を持っているのです。ですから、釈尊が説いた仏典は、新約聖書への重要な道案内になるのです。

新約聖書の真髄を正しく理解するためには、どうしても釈尊が説いた「空」を体得しなければならない。これが新約聖書の真髄を学ぶ順序になるのです。また、釈尊が説いた「空」を正しく理解するためには、新約聖書の真髄を理解しなければならない。この点を世界の仏教学者、神学者が、全く見落としているのです。釈尊が説いた仏法が仏教に堕落した原因、新約聖書がキリスト教という宗教に転落した原因は、ここにあるのです。

東方の博士たちは、星に導かれて、インドからベツレムにやってきたのです。釈尊は、「明けの明星」を見て、大悟徹底した。イエスは自分自身を「明けの明星」だと言った。東洋も西洋も「明けの明星」を中心にして、展開しているのです。ですから、釈尊が説いた仏法の真髄も、新約聖書の真髄も一つのことです。釈尊とイエスには、切っても切れない関係があるのです。

25. 彼岸へ渡る

般若心経の一番最初に観自在菩薩という言葉がありますが、これが皆様の本心です。迷いを捨てて、本当のことを見る心ができたことを意味するのです。

観自在の自在というのは、初めからあったものという意味です。自とは初めからということ、在とはあるということです。自在とは初めからあったもの、先天性ということです。

観自在菩薩というのは、皆様が生まれる前から持っている本心のことです。これは観自在と言ってもいいですし、観世音と言ってもいいのです。

人間が生まれてきたのは、生きていることを通して、天地万物が展開していることを弁えることが目的です。世音というのは、この世の事がらです。それを見るのです。

観自在は生まれる前の自分の本性を見るのです。観世音は生まれた後に、生活を通して自分の本性を見ることです。観自在も、観世音も皆様の本性がそのまま言われているのです。

皆様は般若心経を読んでいますけれど、意味が全く分かっていないのです。仏教のお坊さんで般若心経の意味を説明する人はたくさんいます。文字の説明は少し勉強すれば誰でもできるのです。ところが、本当に般若心経の本質そのものを自分自身の命にしている人はいないのです。

般若心経が日本に来てから千年くらいにもなりますが、本当に自分自身の本性をはっきり見た人はいないのです。

釈尊は自分の本性を見て空だと言っています。自分自身が生きていることが空だと言っているのですが、これをはっきり言った日本人は一人もいないのです。日蓮も親鸞も、法然、道元、空海、最澄も仏教の説明はしていますけれど、本当の空を自分で実感して、空をそのまま生きた人がいないのです。般若心経の難しさはここにあるのです。

生まれる前の本心に立って、生まれる前の自分を見て、現世に生きていることが全く間違いだということを、本当に生活ができた人は一人もいないのです。なぜかと言いますと、皆宗教を信じていたからです。

般若心経は宗教ではないのです。般若心経の一番最初に観自在菩薩と言っていますが、これは人間の本性のことをずばり言い切っているのです。般若心経以外の経典は、人間が書いて人間が読んでいるのです。だから、如是我聞という言葉が、経典の初めに書かれているのです。かくのごとく私は聞いたと書いているのです。釈尊自身の本当の悟りではなくて、釈尊の説教の解釈を経典に書いているのです。

ところが、般若心経には如是我聞という言葉はありません。初めから本心で言えばと言っているのです。観自在というのは、本心のことです。本心で言えばどうなるのかと言っているのです。「照見五蘊皆空　度一切苦厄」というのは、人間が本心で見れば人間の考えは、皆間違っていると言っているのです。

現在の皆様が般若心経を読んでもだめです。分からないのです。仮に字句の説明が分かっても、五蘊皆空を本当に生活することは、現代の人間にはできないのです。現代の皆様はお気の毒ですけれど、聖書によれば今の皆様は全部死んでいることになっているからです。

究竟涅槃

般若心経に究竟涅槃という言葉があります。涅槃とは、冷えて消えて無くなってしまうことです。自分が消えてしまうのです。現世に生きている間違った人間の生活観念が消えてしまいますと、死なない命が分かるのです。本当に分かるのです。宗教ではないというのは、本当のことという意味です。

般若心経は、いわゆる仏教ではありません。一切空と言っているのです。仏教の経典に書いてあるようなことが、空だと言っているのです。

そのように、人間の常識と本心とは全然違うのです。本心は魂のことです。魂の感覚が人間の本心です。

皆様は常識で生活しています。常識は現代文明が提供している考え方です。特に学校教育が皆様に与えている物の考え方をいうのです。これは生きている間に通用する常識であって、この世を去ってしまえば一切通用しないのです。

お寺で説いている仏教の説明、キリスト教で説いている聖書の説明は、いくら聞いてもだめです。現世では通用しますが、現世を去ってしまいますと、一切通用しないのです。

現世を去るのは自分一人ではない。世間一般の人も行くのだから何とかなるのではないかと思われるかもしれませんが、それがとんでもない間違いです。皆様はたった一人であの世へ行くのです。だから怖いのです。

赤信号皆で渡れば怖くないとばかなことをいう人がいますが、現世の交通信号なら十人ほどの人が一度に渡れば、車の方が止まるでしょう。ところが、この世を去りますと、そんな甘いものではないのです。皆様は一人ひとりで死んでいくのです。全くの孤独の世界に行くのです。完全に一人になるのです。

今でも皆様は一人ぼっちです。皆様自身の気持ちは、自分一人しか分からないのです。自分の息子でも、自分の妻でも、自分の本心を分かってくれることは絶対にないのです。

今では人間は一人ぼっちで生きています。死んでしまえば社会は消えてしまいます。皆様は完全に孤独になるのです。これは皆様を脅かしているのではありません。冷静に考えれば分かることです。

文明は見せかけだけのものです。学校教育は見せかけです。この世における人間生活の知恵は教えてくれます。これは何処までも生活の知恵であって生命の知恵ではないのです。従って、皆様の命のあり方が変ってしまいますと、教育は一切通用しなくなるのです。教育は学校の組織のためにあるようなものです。先生の生活のために学校があると言っても過言ではないかもしれないのです。

教育されている子供たちは、教育によって人間の本心を見失っているのです。人間の本心とは言葉を変えて言いますと、情操になるのです。知能の啓発をすればするほど情操は衰弱してしまうのです。

大学を出たことによって般若心経の真意が全然分からなくなっているのです。却って学歴のない人の方が、謙虚な態度で見ることができますから、般若波羅蜜多を考えてみようという気がするのです。大学を出た人は、般若波羅蜜多がばかのように聞こえるのです。それは情操が荒廃しているからです。

教育が人間の情操を荒廃させてしまったのです。その結果、学校内暴力とか、家庭内暴力が頻発するようになってきたのです。日本がだんだん悪くなってしまったのです。道徳的な謙虚さとか、人への思いやりがだんだんなくなってしまった。先生を尊敬する気持ちがなくなっているのです。これは文明の非常に醜悪な現象です。

その結果、皆様は般若心経が分からなくなってしまったのです。昔の日本人は今ほど愚かではなかったのです。皆様は今、本心を失っているのです。情操が衰弱したために、人間自身の本心が何を求めているのか、自分の魂が何を望んでいるのか分からなくなっているのです。

だから、般若心経をいくら読んでも分からないのです。

人間の常識は人間の本心に逆らっているのです。皆様は自分の命が考えられないような人間になってしまったのです。これが文明の結果です。文明はこういうひどいことをしているのです。

現世で生活をするためには、教育があった方がいいでしょう。ところが、魂のためには、教育は害悪になっているのです。日本へ西洋文明が入ってきたのは明治時代からですけれど、文明は魂を全く見えなくしてしまったのです。だから、般若心経の話を何回聞いても分からないのです。五蘊皆空が分からないのです。五蘊という感覚が、そのまま現代の日本人の精神構造になっているからです。

自分の考えが間違っているから、自分の考えを持ったままで魂のことを考えても、絶対に分かりません。

皆様が今持っている命は、必ず死ぬ命です。ところが、皆様の本心は死にたくないと思っている。本心は彼岸を求めているのです。般若波羅蜜多とは彼岸に渡る心のことです。皆様の本心は死なない命、本当の命、魂のあるべき姿を求めてやまないのです。

皆様の常識と本心は全然違います。皆様の常識は、この世の生活のことばかりを考えています。本心は死にたくないと思っている。死にたくない、死にたくないと思っていながら、他方で死なねばならないと思っている。死なねばならないというように思い込まされているのは、文明のためです。文明意識、教育意識のためです。

教育された人間は、頭が洗脳されているのです。頭の中が教育によって造り変えられているのです。だから、本心が分からなくなっているのです。

しかし、皆様の本心はあります。だから、死にたくないという気持ちからどうしても離れられないのです。

ところが、死なねばならないと思っている。死なねばならないと思うのは、文明の教育精神です。世間の人は皆死ぬのだから、死んだらあの世に両親も、親戚の人もいるだろう。友人もいると思っている。親戚の人がいる、友人がいると思うのは現世に生きている間の気持ちです。

人の魂は全く一人ぼっちです。人間の命は一つしかないのです。砂糖をなめると世界中の人間は全部甘いと思います。黒人でも白人でも、赤い花を見れば赤いと感じます。そのように、全世界の人間は同じ五官の機能を持っている。これは世界の人間の命は一つしかないことを意味しているのです。

ところが、常識によって個々別々に生活していると、たくさんの人間がいるように見えるのです。ここが人間の愚かさです。五蘊とはそのような間違った考えを信じていることです。

皆様は本心では死にたくないということが、はっきり分かっているはずです。だから、死にたくないという気持ちをはっきり心に据えて頂きたい。死にたくないという本心を本当に持っている人は、般若心経がだんだん分かってくるでしょう。

般若心経は悟りです。般若心経を本当に会得しますと、成仏するのです。仏になるのです。しかし、仏になっただけではだめです。仏は物事の真相を弁える人格を言っているのです。真相を真相として受け取る人格です。これを仏と言います。例えば、味とは何であるのか。形とは何であるのか。その真相を弁える感覚を仏と言います。これが成仏です。

しかし、これは命が本当に分かったのではありません。成仏してから本当の命が分かるようになるのです。成仏しなければ本当の命を信じることができません。成仏しない人間が、本当の命を信じることはできないのです。般若心経には悟りはあります。しかし、救いはないのです。そこで、宗教ではない般若心経と、キリスト教ではない聖書の二つがどうしてもいるのです。

般若心経と聖書は難しいものではありません。当たり前のことです。日本で般若心経を愛唱している人は、一千万人以上もいるでしょう。ところが、般若心経の意味が全く分かっていない。これはどういうことでしょうか。論語読みの論語知らずという言葉が昔から言われていましたが、それよりもっとひどいのが心経読みの心経知らずです。

般若心経は宗教家によって、うまく利用されてきました。千円を添えてお寺へ送るとご利益があるという迷信を言って、お金を集めているのです。関西ではそれで大儲けをしている寺があります。そういうばかなことをしているのです。般若心経で金儲けをするのはもってのほかです。そういうばかなお坊さんがいるので、般若心経の真意が全く誤解されているのです。

般若心経が言っていることは当たり前のことです。現在生きている人間は、死ぬに決まっている。だから空だと言っている。そんなことは当たり前です。誰でも知っていることです。ところが、当たり前のことを、当たり前として受け取ろうとしないところに、現代人の迷いがあるのです。

聖書には何が書いてあるかというと、これもまた当たり前のことです。今年は二〇二〇年であるということを書いている。日本の大新聞は西暦の年月日を書き、日本の元号はかっこをして書いているのです。二〇二〇年というのはキリスト紀元ですが、これは世界中誰でも知っているのです。これが聖書です。

ところが、般若心経や聖書の分かりきった原理が全く分かっていない。二〇二〇年というのが何のことか分からない。なぜ分からないのかというと文明意識のためです、人間文明は魂を殺しているのです。文明は人間の自殺行為をしているのです。

彼岸へ渡る上智が般若波羅蜜多ですが、彼岸とは人間の魂のことです。魂の実体、内容が分かれば彼岸へ渡れるのです。これはばかみたいに簡単なことです。魂の実体が分かりさえすれば、彼岸へ行けるのです。何でもないことです。がたがた言う必要はないのです。

此岸とはこちらの岸です。彼岸は向こうの岸です。こちらの岸とは何かというと人間のことです。これだけのことです。何でもないことです。

皆様が自分が人間だと思っている間は、死ぬに決まっています。ところが、自分が魂だということがはっきり分かりますと、死ななくなるのです。

霊魂不滅という言葉があります。日本人は霊魂不滅という熟語は知っていますけれど、この言葉の本当の意味が全く分かっていない。彼岸とは魂ということであって、魂が分かれば人間は死なない命を見つけることができるのです。

死なない命と言いますと、非常に難しいもののように思いますが、自分の本体が魂であることが分かれば、死ななくなるのです。魂は初めから死なないものです。ところが、今の日本人は魂を知らないのです。大和魂とか武士道魂とか言いますけれど、魂の本当の意味を知らないのです。だから、死んでいくのです。そのくせ人間は死ぬのが嫌であるに決まっている。病気になればすぐに病院へ行くでしょう。ところが、今生きている命が何であるかという簡単なことを知ろうとしない。

なぜこうなっているのかというと、文明というつまらない思想でごまかされているからです。西欧文明に騙されているのです。私がいう西欧文明は、いわゆる物質文明だからというだけではありません。大体、西欧人は人間が現世で生活することしか考えないのです。これが彼らの常識の基礎になっているのです。即物主義的、または唯物主義的な考え方をするので、肉体的に生きているのが自分だと思い込んでいるのです。

そのくせ肉体が存在しないということを西欧人が言い出しているのです。物質は存在しない、物理運動はあるけれども物質は存在しないという理論は、中学生でも勉強していることですが、やはり、肉体が存在すると思っているのです。

日本で一番最初にノーベル賞を受賞した物理学者の故湯川秀樹氏が、かつて京大教授をしていた時に、「私は学校で学生に物質は存在しない。物体は本来現象であって実在ではないことを教えている。しかし、家庭へ帰ると物質があるような気持ちになってしまう。奥さんがいる、台所がある、ごちそうが並んでいる。どうも自分が教えている学説と、自分の実際的な生活感覚とは矛盾しているように思える。学者として甚だ恥ずかしい」ということを述べていたと聞きましたが、これはいかにも湯川氏らしい発言です。

実際、湯川氏が言ったように、物理運動は存在するが物質は存在しないのです。これは原理です。原理というものは本当のことだから原理というのです。原子爆弾が製造できたということは、物質が存在していないことを証明しているのです。色即是空とはこのことを言っているのです。

般若心経は色即是空を二千年以上も前から言っている。これは当たり前のことです。現在の物理学の常識から言えば、こんなことは当たり前のことです。

そこで、皆様は人間として物事を考えることをやめて、魂として自分自身を見ることができさえすれば、死なない命の実物を掴まえることができるのです。これは何でもないことです。日曜日はイエスが復活した記念日です。イエスが死を破った記念日であって、これを世界中の人間が記念しているのです。そのように意識していなくても、とにかく世界中の人間が日曜日を休んでいる。これはイエスの復活が、歴史的事実であることの証明になるのです。

イエスが死を破ったということは、誰でも死を破ることができるということです。これは何でもないのです。人間という意識から、魂という認識へ自分自身の精神構造を持っていけばいいだけのことです。ただこれだけです。これだけで人間は死ななくなるのです。魂とは何かと言いますと、五官、生理機能と心理機能の根本です。これが神の言です。

イエスが死を破ったという事実が、歴史的に証明されているのです。本当はイエスの復活は六千年の人間歴史の中で、最も驚くべき最高の事実です。人間が死を破ることができるということは、人間歴史の中で最も驚くべき重大な事件です。

これは学問の対象として第一に取り上げられなければならないはずのことです。ところが、現代文明の学問は、イエスの復活を全然取り上げようとしていない。これは学の甚だしい怠慢です。

今の学は本当のことを知ろうとしていないのです。自然科学には限界があるのです。哲学、政治学、法律学、経済学にも限界があるのです。

人間が死を破るということは、人間社会の限界を取り払うということです。人間自身の思考方式を取り払うことができるという重大な指針になるのです。人間が死なないということ、死を破ることができることが事実であるとすれば、現在の文明の基礎概念が変ってしまうのです。そういう重大な問題を、今の学問は全然取り上げようとしていないのです。ただ今の学理学説、教育は間違った概念を踏まえているのです。文明は魂を殺している。人間のことばかりを考えている。魂のことを考えようとしていない。これは非常に不親切であるし、人間の命の根底に甚だしい損害を与えているのです。文明を信じたらだめです。むしろ文明に逆らうくらいの盛んな意気を持って頂きたいのです。

釈尊は文明に逆らった。これが一切空です。色即是空、五蘊皆空は彼が文明に反抗した精神です。

イエスは人間は皆罪人であろと喝破したのです。これがまた、人間文明に逆行している精神です。般若心経も聖書も、両方共人間文明を否定している。しかし、これは人間が知らねばならない本当のことを、はっきり言い切っているのです。

ところが、現代の宗教はこれをうまく利用して金儲けをしているのです。この日本においてこそ、般若心経という東洋思想の精髄と、新約聖書という西洋思想の精髄の二つが、まとめられなければならないのです。これを日本の宗教はしないのです。般若心経を知らないし、聖書を知らないからです。キリスト教はキリストを知りません。寺のお坊さんは空を知らないのです。

般若心経は人間が存在することに対して、根本的な疑いを提起しているのです。色即是空は現象世界は存在しないと言っているのです。現象世界は実存しないということは、比較的分かりやすいのですが、空即是色になるとほとんど分からないのです。空の原理の説明ができないと分からないのです。

般若心経は仏法の思想です。仏教ではありません。般若心経は仏教を否定しているのです。

「無苦集滅道　無無明　亦無無明尽　乃至無老死　亦無老死尽」と言っていますように、十二因縁という考え方は仏教の唯識論の中心テーマになっていますが、般若心経はこれを否定しているのです。

人間は常識的に考えています。この世に生まれた人間がこの世に生まれた気持ちで考えている。これは死んでしまうに決まっている人間です。人間は一人残らず全部死んでしまうに決まっているのです。

そうしますと、死んでしまうとはどういうことなのか。死んでからどうなるのか。これを般若心経は、はっきり書いていないのです。ただ現在の人間の考えが間違っていることだけを書いているのです。

現代の日本人は、般若心経を見たり読んだりしていますけれど、その内容をほとんど知らないのです。般若心経は仏教の重要な唯識論とか四諦八正道を否定している。般若心経は、「私は仏教ではありません」と言っているのです。

仏教の経典はすべて一番最初に如是我聞と書いています。般若心経には如是我聞と全然書いていない。初めから観自在菩薩と言っているのです。

従って、般若心経は釈尊の思想、悟りがそのまま現われたものだ、と言えるのです。

26. やがて新しい歴史が実現する

現在の人間は幻覚の中に生きているのです。

幻覚という言葉についてですが、学問的に考える幻覚と、いわゆる常識的に考える幻覚とでは意味が違っているのです。

私が使っている幻覚という意味は、般若心経でいう五蘊皆空ということでありまして、病理的な、専門学的な意味での幻覚とは、意味がだいぶ違っていると思います。

五蘊というのは、目で見たままのものがそのままで存在すると考えるのです。これが五蘊の第一になっているのです。これが色蘊です。色即是空の色です。色蘊が五蘊の基本的な間違いになっているのです。

人間は目で見た通りのものがあると考えるのですが、目で見た感覚だけでそう考えているのです。ところが、人間は目で通りの感覚で生きているのではないのです。

人間は死にたくないと考えます。死にたくないと誰でも考えますが、目で見たものがあるという考え方と正反対になるのです。

目で見たものがそのままであると鵜呑みにしてしまうと、死にたくないという考え方が成立しなくなるのです。死ぬのが当たり前ということになるのです。

生あるものは必ず死する。形があるものは必ず滅すると昔から言われてきました。そうすると、死ぬのが当たり前だということになるのです。

ところが、死にたくないと人間は思うのです。これは万人共通の願いです。そうすると、死ぬのが当たり前だという考えと、死にたくないという考えと、どちらかが間違っていることになるのです。

生きている人間の精神構造が分裂しているのです。私はこれを分かりやすい言葉で幻覚と言っているのです。

人間は真面目に考えているつもりですが、二つの矛盾した考えを、そのままの鵜呑みにしているのです。これが般若心経がいう五蘊皆空です。

目で見た通りのものがあるという考えは、人間が生きている間は通用します。現在生きているのが人間の命だと考えると、目で見た通りのものがあるのが正しいことになるのです。

ところが、死んでしまわなければならないという事実を、また知っているのです。死んでしまわなければならないことを事実と考えますと、目で見た通りのものがあるという考えは間違っていることになるのです。

そのように、人間の考えはしどろもどろです。その時その時の都合によって、その時の言い分を立てようとするのが人間の浅はかさ、迷いです。

幻覚という言葉使いが、学問的に正しくても正しくなくても、人間は考え違いを基礎にして生きているということは、間違いない事実です。

般若心経はそれを言っているのでありまして、皆様は般若心経になぜ親和感を抱くのでしょうか。般若心経を敬遠したくなるような気持ちがありながら、一方般若心経に何となく心が引かれる感じがあるのです。

とにかく日本人は伝統的に、また民族的に空ということが何となく分かっているのです。空観に対する親和感、空観を肯定しようという気持ちがあるのです。

このことは現代の学理的な考えとは矛盾してしまうことになるのです。いつでも背反する気持ちになるのです。

人間文明は人間の本質を理解しないままで、ただ生活の便利だけを追求してきたのです。これは人間の本質から見ると全然間違っているのです。これが現代文明が病理文明になっているという理由です。人間の本質を弁えないで、やたらに生活様式の発展を考えてきた。科学の用いられ方が、人間生活の向上の面だけになっているからです。

今の文明は全然目的を持っていません。人間の生活を完全に保障するかと言いますと、保障しないのです。

一生懸命に命の勉強をしようと思うと、つい生活の問題に脅かされるような感情が湧いてくるということになるのです。これは現代文明に生きている皆様には、必然的な悩みでしょう。

一体、生命が大切か、生活が大切か、これが分かっていないのです。

目的がない現代文明

第一に考えて頂きたいことは、現代文明には目的がないということです。これは現代の専門学に目的がないことを意味しているのです。現世に生きている人間の知恵には限界があるのです。現世に生きているという限界があるのです。現世に生きているという立場だけで考えようとしますと、永遠が考えられないことになるのです。

現世に生きているということを基礎にして考えますと、現世だけしか通用しない理屈が、大変重大なことのように思えるのです。ところが、これは現世に生きている間だけの問題でありまして、人間の存在は死にたくないという気持ちが切実にあるように、人間の魂の本性は現世だけで終わるものではないということです。ここに生命と生活の根本的な喰い違いがあるのです。

どちらが重大なのか、重要なのかということです。例えば、現在の学問を尊敬するという立場に立ちますと、文明主義になるのです。文明主義というものは目的がない主義です。

何のために人間文明があるのか。現代文明は何かと言いますと、ユダヤ人の世界観が文明を造っているのです。これは事実です。これは文明ではありますが、歴史ではないのです。これが分からないのです。

文明を丸呑みしてしまいますと、トインビーのような歴史観になってしまうのです。トインビーは歴史の本質と文明の本質がよく分かっていなかったようです。

今の世の中には共産主義が立派に存在するのです。ところが、共産主義の思想構造の根本は、非常に浅薄なものであって、これは現在の人間が生きているという感覚の世界のほんの一部にしか通用しない思想です。ところが、共産主義が堂々とふんぞり返って威張っているのです。こういうものが文明です。

あやふやな根底しか持っていない思想で、ある民族、ある国家が、その時その時のご都合によって、ある政治形態をとっている。これが世界の文明を大きく左右しているのです。こういう事実をどう考えるかです。

文明に対する考え方を根本的に変えて頂きたいのです。人間が本当の命を見つけるためには、本当の神を見つけなければならないのです。

神というのは絶対であって、本当の絶対はこれしかないということです。例えば、地球が存在するというその事がらは、神を見つけなければ納得できないのです。神を信じなければ地球が存在することの目的を掴まえることができないのです。

地球が存在するから人間が生きているのです。地球が存在するという根本原理を掴まえようと思えば、神をまともに掴まえるという方法しかありません。

これをユダヤ人は全然していないのです。彼らの宗教観念によって、勝手に自分たちの神を造っているのです。こういう考え方が自分たちの都合のよい文明を造ることになったのです。

ユダヤ人が普通の民族であるのなら、例えば、中国人とか、韓国人とかいうただのありきたりの民族であるのなら、何を考えても勝手です。

ところが困ったことに、ユダヤ民族は全世界の指導原理を掴まえている。全世界の中心民族です。この民族が間違っているのです。そして現代文明を造っているのです。

専門学というアイデアを造ったのはユダヤ人です。このアイデアが絶対であるかのように、今の文化人は考えているのです。ところが、神が分かっていないのです。

地球が何のために存在するのか。命の本質は何であるのか。これが全然分かっていないのです。地球が何のために存在するのかという原理が、冷静に、平明に捉えられないままの状態で考えていますと、しどろもどろの論理に迷い込んでしまうのです。従って、般若心経を勉強しても、聖書を勉強しても、結論がつかないことになるのです。

これが現在の文化文明思想の最大欠点です。人間の文化文明には目的がないのです。歴史には目的がありますが、文明には目的がないのです。これをよく考えて頂きたいのです。

歴史は皆様が生きている事実です。これには目的があります。文明は皆様が生活している状態です。それには目的がないのです。

皆様は目的がある方の自分を自分だと思っているのか、目的がない方の自分を自分だと思っているのか、これをまず考えて頂きたいのです。

そのためには、般若心経をまともに読むのが一番楽になるのです。私がいう幻覚というのは、学問的な意味でいう幻覚ではありません。常識的な意味でいう幻覚です。

五蘊皆空と般若心経が言っています。これを常識的に分かりやすく言いますと、幻覚とか幻想とかいう言い方をする方が手っ取り早いと思っているのです。

幻覚という言葉が強すぎるのなら、錯覚と言ってもいいと思うのです。誤解と言ってもいいのです。しかし、誤解とか錯覚ということよりも、現在の人間が肉の思いに取りつかれて、肉に酔っぱらっているのです。この状態は幻覚と言った方がいいでしょう。

問題は命をどう見ているかです。自分の命を自分の魂という角度で見ようとするか、この世に生きている人間の角度で見ようとするかです。これによって違ってくるのです。

私が述べているのは私の思想ではありません。般若心経と聖書の思想によって申し上げているのです。

般若心経にありますが、観自在菩薩が般若波羅蜜多を了承した。般若波羅蜜多を掴まえた。そういう人格を指しているのです。これは普通の人間の常識とは違うのです。

人間はこの世に生きている人間と、般若波羅蜜多を心得ている人間と、二通りの人間がいるのです。皆様はどちらの人間を自分にしたいのかということです。

三法印

仏教のことですが、諸行無常、諸法無我、涅槃寂静の三つを三法印と言います。この三つが分かりますと、宗派によって少し考えが違いますが、僧侶になる資格があると言われています。

法印、法印と言いますけれど、清水次郎長一家に法印大五郎という人がいました。果たして法印のことが分かっていたかどうか分かりませんが、昔は坊主のことを法印と言ったのです。

法印という言葉がどこから来ているのかと言いますと、諸行無常、諸法無我、涅槃寂静の三つを知ることを法印というのです。早く言うと、これが仏教の本質です。一番最初の諸行無常は何でもない分かりやすいことです。

すべての物が存在することを行というのです。例えば、家があることが行です。なぜ行という字を使っているのかと言いますと、時間が流れているからです。時間が流れているように、物もすべて流れていると考えるのです。

これは科学の理論から考えてもその通りです。時間がなければ空間がない。時間と空間の両方は、一つのものである。時間が流れているということが、そのまま空間が流れていることになるという考え方が、諸行という言葉になって現われているのです。

諸行無常とは時間が流れているから空間も流れているということです。非常に簡単なことを言っているのです。常という状態、あり方が決まっていることを意味します。無常というのは決まったあり方があるのではないということです。時間と空間はいつも動いているから、皆様の事情、境遇もいつも動いているということです。

朝食べたものと昼食べたものとは違いますから、皆様の体はいつでも無常です。一定の決まった健康状態がいつもあるのではないのです。だから、諸行無常は自分の肉体存在を見たらすぐに分かるのです。

こういう点が、仏教が平民主義的な入口になっているのです。平家物語の冒頭に、「祇園精舎の鐘の声諸行無常の響きあり」とあります。これが日本人の生命常識の基礎になっているのです。

こういう感覚で聖書を読めば、観自在菩薩は普通の人間ではないことになるのです。皆様は普通の人間として般若心経を読もうとしているのです。ところが、観自在菩薩という人間と皆様とでは意見が違うことになるのです。だから、五蘊皆空が分からないのです。

そこで、皆様が般若心経を本当に信じる立場を取るとしますと、五蘊皆空という言葉、観自在菩薩に接近することができるのです。

本当に般若心経を信じたいと考えるなら、少々分かりにくい所があっても、それを呑みこんでしまうくらいの度胸がいるのです。

日本人の場合、般若心経の原則が分からないと、本当の価値観や世界観を掴まえることができないのです。日本人は般若心経を信じてはいません。ただ愛しているだけです。従って、般若心経の意味が分かっている人が日本にはいないようです。

頭で分かっていても生活でそれを実行するのでなかったら、本当に分かっているとは言えないのです。般若心経が生活で実行できる程度までその人の魂が進歩しないと、神を信じることはできないのです。

神というのは皆様が生きているということです。皆様が生きていることが神です。こういう言い方は皆様にとって一方的な、断定的な言い方になるでしょう。端的に申し上げますと、皆様の目が見えることが神です。

これは存在ということもできるのです。命ということもできます。命と言っても、存在と言っても、神と言っても、天と言っても、皆同じです。これを皆様は今経験しているのです。目が見えることはよく分かりますけれど、目が見えることが神だということが分かっていないのです。だから、神を経験していても神を信じてはいないのです。これが日本人の生活の基礎の矛盾になっているのです。

自分が生きていながら、生きていることが何であるか分からないのです。これが分かれば、死ななくてもよい命が分かってくるのです。

皆様が生きているという事実を見て頂きたいのです。皆様は生きていますが命が分かっていないのですから、この欠点をまず認めて頂きたい。自分自身の考えの間違いを率直に認めることは、般若心経が最も歓迎するところです。

自分自身の考えの間違いを認めることが、般若心経の目的です。皆様は現在生きているけれども、その命は死ぬに決まっている命です。死ぬに決まっている命を、自分の命だと考えていることが間違っているのです。これを般若心経は五蘊皆空という言い方で、皆様に忠告しているのです。これは私の思想ではありません。般若心経が皆様に忠告しているのです。

今の人間の命は死ぬに決まっている命です。だから、死にたくないと思うのです。ちょっと病気になっても、病院だ、薬だということになるのです。

そのような危険な命に皆様は生きているのです。これをどう考えるのでしょうか。本当の命を見つけたいと思いませんか。こういうことを皆様の生活の実感として考えて頂きたいのです。

カルマの命

皆様が今生きている命は、カルマとしてこの世に出てきた命であって、本当の命ではないのです。カルマとしての命というのは、本当の命ではないのです。業《ごう》の命です。だから、今生きていることが間違っているのです。今の命をそのままで生きることが間違っているのです。

人間としてこの世に出た以上、これはやむを得ない運命です。今皆様が生きている命が、間違っている命です。放っていたら死ぬに決まっているのです。必ず死ぬに決まっていることが分かっていながら、その命を皆様は捨てようとしないのです。

捨てるということは首を吊るということでもないし、毒薬を飲むことでもない。命に対する見方を変えることだけです。それだけのことです。

例えば、男性の女性に対する見方でも、初恋の清純な見方で見ていた女性と、大人になって見る女性とは全然違います。実は初恋の時に見ていた女性が本当です。今の皆様の女性に対する見方が、全く間違っているのです。五蘊の見方をしているのです。

思春期のような清純な見方になって、女性を見ることができるようになったら、皆様も自分の命に対する見方が変わってくるのです。生活に対する見方も変わってくるでしょう。

人間は死ぬために生きているのではないのです。絶対にそうではないのです。だから、死にたくないという気持ちが、人間には必ずあるのです。ですから、今生きている命が本当の命であると思うことが、考え違いであることを悟って頂きたいのです。

般若心経はそれを皆様に勧めているのです。女性に対する見方を変えて頂きたいのです。大人の考えは泥まみれになってしまっているのです。アダルターラス（adulterous）になっているのです。アダルターラスは邪悪専門ということです。

アダルト（adult）がアダルターラスになっている。これが現代文明の指導原理になっているのです。現代文明はアダルターラスです。こういう点をよく考えて頂きたいのです。

私が言っているようなことを言った人間は、日本にはいなかったのです。般若心経という東洋哲学と、聖書という西洋文明の基礎概念とを一つにして論じることができる人間は、私たちしかいないのです。

自分の考えが間違っているということがはっきり分かることが、五蘊皆空です。五蘊皆空が分からなければ、神を信じることは絶対にできません。キリスト教の信仰が皆間違っているのは、五蘊皆空が分かっていないからです。

般若波羅蜜多という言葉が、そのまま神を信じるということになるのです。ただ般若心経の中には神の具体的な説明がありません。般若心経は般若波羅蜜多とはいうものの、神に対する考え、命に対する考えは非常に雑駁であって、独断的です。客観性がないのです。歴史性がないのです。

従って、般若心経には悟りはあるけれど、救いはないのです。しかし、般若心経を本当に悟らなければ、神を信じることはできないのです。般若心経を信じないで神を信じると言っても、それは宗教観念にすぎないことになるのです。

日本人は死が全く分かっていないのです。死ぬとはどういうことか。皆様が考えている死は世間の人間が考える死であって、人間の常識で考えていることは皆間違っているのです。

今の人間は命を知らずに生きています。五蘊皆空というのは何か。現在の人間の間違いを端的に言えば、五蘊皆空になります。五蘊皆空を悟るということは、間違いを認識するということです。自分が間違っているということを認めましたということです。

しかし、命が分かったということではないのです。五蘊皆空を認識すると同時に、命を知る必要があるのです。

今の文明、学問は現世に生きるための方便であって、命のためのつっかい棒にはならないのです。

人間が現世に生きているということは一つの目的ではありますが、すべての目的ではないのです。

です。人生には過去世、現世、来世という三つの世界があるのでありまして、現世だけが人生ではないのです。そういう三つの世界全体を弁えなければいけないのです。

全体の人生を見通すためにはまず自分の考えが間違っていたこと、考えが小さすぎること、スケールが小さいことを認識するために必要なことです。

五蘊皆空が分かったからと言って、永遠の命の実物が分かる訳ではありません。五蘊皆空をはっきり認識した後に、神を信じることが必要になるのです。

五蘊皆空が分かりますと、まずその人は仏になるのです。これは本当に五蘊皆空を実行した場合です。今の仏教のお坊さんで、五蘊皆空を認識している人がいませんからだめですが、五蘊皆空を本当に認識しますと、あほらしくて坊主をしていられなくなるのです。寺の経営は嘘ばかりですからできなくなるのです。寺のお坊さんやキリスト教の牧師をしている人は、五蘊皆空が本当に分からないからしていられるのです。

宗教の専門家の中には五蘊皆空が本当に分かっている人は一人もいないと言えるのです。かつて、南禅寺の勝平宗徹管長が首を吊って死にました。南禅寺の管長は大学を三つ卒業していたのです。哲学を勉強したのです。数十人の弟子を預かっていたのです。その管長が首を吊って死んだのです。自分の人生が分からなくなったからです。自分の人生が分かっていたら、首を吊ることはなかったのですが、命が分からない。人生が分からない。何のために南禅寺の管長をしていたのかさっぱり分からなかった。だから行き詰って首を吊ったのです。

しかし、その人は偉かったと思います。首を吊って死んだからです。仏教の間違いを、身を持って示したからです。管長となるとなかなか首を吊れません。それだけ業が深いからです。管長という業が深いのです。

南禅寺に本当の悟りがないことを天下に報告したのです。宗教が間違っているということを天下に告白したのですから、偉いと思います。だから、大管長であったと言えるかもしれないのです。

死とは何か

死ぬということはどういうことかと言いますと、神から離れることです。死んだらどうなるのか。現在の日本人はほとんどと言っていいほど神から離れているのです。五蘊皆空さえも分からないのです。色即是空でさえも実行していないのです。

色即是空が分からないようなことでは、神が分かるはずがないのです。神が分からないということは死んでいるということです。神の実物から離れることを死ぬというのです。

聖書の勉強を長年真剣にしている人でも、本当の神を毎日掴まえていない人は死んでいるのです。

本当の命を掴まえるということは、なかなか難しいことです。しかし難しくても難解でも、これをしなければ命が分からないのだからしょうがないのです。嫌なら勝手に地獄へ行くしかないのです。

人間のわがままは神の前には通りません。人間の理屈や常識は神の前に通用しません。神の前に通用するのは、神をどのように掴まえているのか。神をどのように生活しているのか。これだけが神の前に通用するのです。

イエスがこれを実行したのです。やろうと思えば誰でもできるのです。現在の日本人は文明という感覚に酔っぱらっているのです。特に学問に酔っぱらってしまうと、人間の思索方式が自由に働かなくなるのです。人間の考えが素直に働かなくなるのです。常識、学問によって束縛されてしまうからです。

これが現代の日本人の非常に大きい欠点です。明治時代以前の日本人は、それほど悪くなかったのです。諸行無常くらいは心得ていたのです。ところが、第二次世界大戦後の日本の教育が、魂をだめにしてしまったのです。

人間が人間を教育するということになるからです。人間が人間を教育するということはしなければならないことですが、これをする人間はよほど注意する必要があるのです。

現在の学校教育の目的は、社会に役の立つ人間を造ることです。社会に役に立つ人間を造ろうとしたら、その人の魂がだんだん痩せ衰えてしまって死んでしまうのです。そうなるに決まっているのです。これが現代の日本の指導者には全然分かっていないのです。

皆様は魂の自由を文明によって既に奪われてしまっているのです。学問によって、常識によって、皆様自身の思い上がりによって、皆様の自尊心によって魂が盲目にされているのです。

今の日本人は誰も彼も魂の盲目の人ばかりです。だから、五蘊皆空と言っても、なかなか受け止められないのです。般若心経があってもないようなものになっているのです。

しかし、日本人は般若心経を貴重な文化財産として持っています。これは全く偉大なことです。般若心経をまともに勉強しようとする民族は、日本人以外にありません。日本人なら勉強しようという人はいるのです。

白人社会にはこういう思想は存在していないのです。だから、般若心経は非常に貴重な天下の良薬になるのです。魂の良薬になるのです。

皆様は世界民族のために、般若心経を勉強して頂きたいのです。般若心経が分からない状態では、新約聖書はとても分かりません。

イエス・キリストは復活したのです。イエス・キリストが復活したことは、たった一つの本当の命、人間完成の本当のあり方が示されたということです。本当の命が、たった一つの本当の命が、歴史的に、具体的に証明されたのです。これを受け止めようと思いますと、色即是空に徹しないとだめです。五蘊皆空が分からないとだめです。

頭で理解したくらいではだめです。腹の底まで五蘊皆空が分からないと、イエス・キリストの復活の命をそのまま自分の命にすることはできないのです。

しかし、これ一つしか命がないのですから、これを受け取るしかしょうがないのです。

イエス・キリストが復活した命しか永遠の命の実物はありません。イエスが死を破って復活したということは事実です。この事実を皆様が受け止めることが必要です。

これは難しいとか難しくないという問題ではありません。命はこれしかありませんから、これを受け取るしかしょうがないのです。

日本の社会は文明の害毒によって汚染されているのです。だから、人間の霊魂が素朴に平明に働かなくなっているのです。そこで私のいうことが、分からない分からないとなるのです。分からないはずです。その人の霊魂が束縛されているからです。私は魂が束縛されていないから、言いたいことが言えるのです。

仏教とかキリスト教とかいうものがあるのではない。これは人間の造りごとです。あるのは皆様の目が見えるということだけです。地球が自転公転しているということだけです。これが神です。この神を掴まえるためには、イエス・キリストの復活という事実を認識するしかないのです。イエス・キリストの復活の命以外には、まともな命がないからです。

イエス・キリストの復活の命を受け取るのは、皆様にとって難しいことでしょう。しかし、これしか命がないからしょうがないのです。

こういうことは幼子なら受け取るでしょう。理屈が分からなくても受け取るのです。大人は頭が理屈で詰まっているから受け取れないのです。これが精神的に死んでいる証拠です。

神から離れたことが死んだことです。人間は生きているという形があるだけであって、実は精神的には死んでいるのです。

この世で本当の命を掴まえるということは、よほど素朴で素直な性質になろうという決心をしないとできません。今の文明は人間の情緒という素朴な世界から皆様を引き離しているのです。学問を勉強すればするほど、情緒性が衰えていくのです。

もう亡くなられましたが、奈良女子大の故岡潔教授がいつも言っていました。今の学校教育は人間の情緒を破壊している。これはけしからんことだと言っていました。それではどうしたらいいのか。これが分からなかったのです。

学校教育が悪いことが分かっている人はいますけれど、どうしたらいいか分からないのです。この方法を私は申し上げているのです。

この世を去ることが死ではありません。神から離れることが死ぬことです。このことをよくご承知頂きたい。霊魂の裁きはあるに決まっています。現在皆様は生きていることによって矛盾を感じているに決まっています。矛盾を感じているというのはどういうことか。神を全然問題にしていない人間でさえも、現在の自分の生活はどうも間違っていると思っているでしょう。

皆様の魂は皆様の生き方の間違いをよく知っているのです。そこでこの世を去ると、神の前に出なければならないことになるのです。

文明、宗教、学問はこの世にいる間しか通用しません。永遠に通用するような世界観を持って頂きたいのです。これが本当の世界観です。皆様の命はそのためにあるのですから、現在の日本の風潮に騙されないようにして頂きたい。また、学問や常識に束縛されないようにして頂きたいのです。

キリスト教の牧師は、聖書の話をざっくばらんにしましょうというと、これを一番嫌うのです。聖書について意見交換しましょうというと、一番嫌うのです。牧師は聖書に対する自分の認識が間違っていることを知っているのです。そこで、聖書についてお互いに腹を割って話し合いましょうというと、悪魔が百匹ほど来たような顔をするのです。私はそういうことを平気で言いますから、キリスト教の牧師から毛虫のように嫌われているのです。

曹洞宗は思想の系列としてはいいのです。修証義の思想はなかなかいいのですけれど、困ったことに道元禅師の時代は、日本民族の閉鎖社会での思想でした。

その時の日本の社会は閉鎖された社会でした。だから、道元は閉ざされた社会における認識しか持つことができなかったのです。一戸半戸を説得せんと言って、永平の山奥に入ったのですけれど、今の時代に道元が生きていたら、本当のことが分かったでしょう。

道元には本当の一見明星が分からなかったのです。釈尊が明けの明星を見たというのは、人間文明の暁を洞見したのです。洞察したのです。

聖書に、「我しののめを呼びさまさん」というすばらしい言葉があるのです(詩篇57・8)。

釈尊はこれを直感したのです。しののめを呼びさます。これが明けの明星を見るという思想の裏に張り付いているのです。

これがイエス・キリストの誕生ということと重大な脈絡があるのです。これが世界中の宗教学者、哲学者に全然分かっていないのです。

現在の世界の学問は理屈だけは勉強しますけれど、実際の勉強をしないのです。だから釈尊の本心を知っている哲学者、神学者は世界に一人もいないのです。空という理屈をいう学者はいますけれど、本当のことを知らないのです。

宇宙の暁を呼びさます

釈尊は明けの明星を見たと言いますけれど、今のお坊さんは釈尊が何を見たのか分からないのです。「我しののめを呼びさます」とあります。しののめを呼びさますのです。宇宙の暁を呼びさますという雄大な思想です。これが釈尊の空です。これが日本の宗教家には分からないのです。

命と魂との関係についてですが、これは非常によく似ている点もありますが、異なっている点もあるのです。魂という言葉の意味を申しますと、命を肉体的な形で経験することを魂というのです。そのような機能をいうのです。

生きていることは英語で言いますと、リビング（living）になります。リビングを肉体的な形で生活的に経験する機能が魂です。だから、これは人間だけを意味しないのです。鳥も獣も含まれるのです。木や草は命の次元が違いますから魂とは言わないのです。

魂という語法を聖書の角度から申しますと、そういうことになるのです。魂という言い方は仏教には一切ありません。神が生きている状態を肉体的に現わしたのが魂です。仏教には神がありませんから、魂という言い方は存在しないのです。

肉体的な状態で太陽光線が認識できること、理解することができることを生きていると言うのです。太陽光線は魂に対してどういう働きかけをしているのか。例えば、太陽が輝いているということが、人間の魂の希望になる。命の本質を教えてくれる土台になるのです。こういう事実が太陽の中に含まれています。これを認識することが命です。

太陽が輝いていることが命ではない。これは生きているということです。今日は太陽が照っているということが分かります。これが生きているということです。太陽光線が自分に対してどういう作用をしているのか。これを認識することが命です。

太陽が輝いていることが、言葉になっているのです。神の言葉になっているのです。花が咲いているということと、人間が生きているということは、すべて神がものを言っているのです。神の言葉が万物になって現われている。これを読み取ることができれば、命を掴まえたことになるのです。

般若心経には大きな矛盾点があるのです。般若波羅蜜多というものの、彼岸とはどんなものかを全然説明していないのです。彼岸へ行け、頑張って行けと言っていますけれど、彼岸とは何かを説明できないのです。

なぜできないのかと言いますと、一見明星というのはやがて来るべき新しい国を見ているのです。しかし、釈尊は現実にそこに行ったのではないのです。そこで、仏国浄土という妙な思想ができてくるのです。

釈尊は明けの明星を見たのですが、明星の実体については全然説明していません。できなかったのです。

学問は現代文明の非常に大きい長所ですが、また人間の魂を殺すという最大の短所でもあるのです。学問が人間の霊魂を束縛しているのです。悟りを妨害しているのです。

人間の認識の世界のほかにもう一つの世界があるのです。これが彼岸ですし、神の国です。イエスが死から甦ったということは、人間に新しい歴史が実現するに決まっていることを示しているのです。

イエスが甦ったことは事実です。甦ったことが事実ですから、これが、人間歴史が新しくなるという形で実現しなければならないのです。

ダビデという人が言っています。もし神の真実がこの世においてありありと現われるのでなかったら、神を信じないと言っているのです。神が言っている恵みとか愛が、この世において証明されるのでなかったら、私は神を信じないと言っているのです。

イエス・キリストというのはダビデ王の末裔であって、ダビデの思想を継いでいるのです。イエスが復活したということは、人間完成の実体がはっきり示されたということです。

それは現在の人間が持っている肉体の他に、もう一つの肉体があることを示しているのです。今の肉体を捨てて新しい永遠の肉体を受け取ることを聖書は述べているのです。これが人間完成です。これがイエス・キリストの復活です。これは人間のあらゆる学問の精髄を傾けて勉強すべきテーマです。これが本当の般若波羅蜜多です。

釈尊はこれを見たのです。やがて地球上に現われる新しい歴史、新しい人間の命のあり方を、明けの明星によって看破したのです。

釈尊の一見明星がなかったら、新約聖書が成り立たないとさえも言えることになるのです。これはマタイによる福音書の二章、三章を詳しくお読み頂ければ分かることです。

般若波羅蜜多はあるに決まっているのです。これがイエス・キリストの復活の命です。やがてこの文明は自滅してしまいます。しかし、人間が生きているという事実はなくなりません。これはイエス・キリストの復活によって、人間の命の実体が証明されているのです。この命の中へ入ってしまったらいいのです。

一体人間は何をしてきたのだろうか。六千年の人間歴史において、人間は何をしてきたのか。生まれてきて、大人になって死んでいく。食って寝て、子供を産んで死んでいく。一体何をしているのか。食って寝て、子供を産んで死んでいくのが人間なのか。

これは宗教では説明できません。もちろん学問でも説明ができません。医学の病理についての研究は進歩したでしょう。しかし、命に対する認識は全然進歩していません。むしろ退歩しているくらいです。

ルネッサンス

ルネッサンスは現世に生きている人間を過大に評価する感覚を基本原理にして、学術、文化の革新を考えたのです。現世の生活をできるだけ豊かにしようと考えたのです。その結果、人間がいよいよばかになったのです。

ルネッサンスは文明の本質を破壊してしまったのです。この考えに対しては、日本の学者は猛反対するでしょう。実はルネッサンスはユダヤ人の奥の手であって、この思想が世界に流された結果、人間の本来のあり方が崩壊してしまったのです。ほとんど崩壊に近い状態になってしまったということができるのです。

ルネッサンスの影響を受けた文明が進歩すればするほど、人間がだんだん悪質になったのです。程度が悪くなったのです。

現代文明が人間の本質から考えてどれほど悪いものであるかということは明らかです。これを指摘している政治家、学者、評論家は一人もいませんが、どういうことでしょうか。

ルネッサンスが人間を殺したのです。人間の魂を台無しにしてしまったのです。生死の問題を分からなくしてしまったのです。

仏教では生死《しょうじ》と言います。生死の問題を分からないようにしてしまったのです。生死の問題を分からないままの状態で、いくら文明を造っても、いくら商売で成功しても何にもならないのです。

生死が分からないということは、命が分からないということです。命が分からないということは、まともに生きていないということです。人間全体にこういう思想を注入したのが、ルネッサンスです。

人間を堂々と侮蔑しているのです。これに今の学者は全く気が付いていないのです。学者はノーベル賞をもらって喜んでいるような人々ですから、こんな人々に命が分かるはずがないのです。

専門学はルネッサンスによってできたのです。専門学が間違っているのです。人間がこの世に生きていることに何の意味があるのでしょうか。この世に生きていることを無意味なままで鵜呑みにしているのです。

人間はこの世に生きているままの状態で、幸福になるべきだと考えている。これがルネッサンスの考え方です。これが間違っているのです。

人間は現世で幸せになれるのでしょうか。なれるというのは嘘です。この世に生きているままの状態で、幸福になるという偽りの思想を注入したのがユダヤ人です。

今の人間は命が分からないままで生きている。これは神から見たら死んでいることになるのです。

聖書には、「肉の思いは死である」という言葉があります（ローマ人への手紙8・6）。自分が生きていると考えていることが死ぬ第一の原因です。死ぬのは誰でしょうか。誰が死ぬのでしょうか。これが分かっていないのです。

死ぬのは自分に決まっています。だから、自分さえ征伐したら死ななくなるのです。死ぬのは自分であるに決まっています。他人が死ぬのは痛くも痒くもないのです。

江戸時代の蜀山人（大田南畝）の狂歌に、「死ぬことは　人のことだと思うたに　俺が死ぬとは　これはたまらん」というのがあります。他人が死ぬ場合には何人死んでも構わないのですが、自分が死ぬことになると、これは困ったということになるのです。

自分という人格が死ぬのです。実は自分という人格はすでに死んでいる人格です。自分というのは何か。実はありもしない人格であって、これをあると勝手に思っているのです。

自分というのは偶像です。モーセの第一戒は自分という偶像を否定しているのですが、これがユダヤ人は全然分かっていないのです。

ユダヤ人は自分が生きていると思い込んでいるのです。これがユダヤ教と神とが激突している根本原因です。神は自ら、我はイスラエルの神であると言っている。イスラエル民族の神とユダヤ人とが、思想的に正面衝突しているのです。原因は何かというと自分です。自分があるかないかという問題です。

これが哲学の根本問題です。人間文明の一番大きい問道です。皆様の生活の中で一番大きい問題は、自分という問題です。これさえ分かれば、生死という問題は簡単に片付くのです。

これは宗教の問題ではありません。宗教では自分という問題の解決はできないのです。魂の勉強もできないのです。ただ宗教の教義の勉強をしているのです。教義の勉強をするのであって、命の勉強、魂の勉強は一切致しません。

私たちは魂の勉強をしなければいけないのです。だから、私は魂のボランティアをしているのです。

自分とは何か。実は自分は存在していないのです。皆様は自分が生まれたいと考えたことはないでしょう。だから自分はいないのです。これは何回も申し上げていることですが、何回聞いてもお分かりにならないことです。

何回聞いても分からない問題があるのです。ヒットラーは一つの事がらを本当に人に理解させるためには、そのことを千回話さなければならないと言っていたのです。彼はユダヤ人を六百万人殺害したというとんでもない極悪非道の人間ですが、この言葉だけは正しいのです。

一つの事がらを他人に徹底させるためには、同じことを一千回言わなければならない。そうしたら、ようやく自分の気持ちが他人に分かってもらえるのです。

自分がいるというのは嘘です。この嘘は皆様の性根に浸み込んでいるのです。皆様の脊髄神経の中に巣くってしまっているのです。延髄から脳髄へ、皆様の中に自分という人格が巣を造っているのです。これを退治しなければいけないのです。

自分は生まれたいと思ったことはない。また、自分で生きているのではない。自分が生きているると考えて、何か良いことがあったでしょうか。自分が生きていると考えて、何か儲かったのでしょうか。自分は皆さんにいつも迷惑をかけているでしょう。その自分をなぜかわいがるのでしょうか。なぜ自分を弁解するのでしょうか。

自己弁護とか自分を弁解するというのが、偶像崇拝になるのです。これが分かりますと、生の問題、死の問題が解決するのです。

自分が生きていると考えている人は必ず死ぬのです。自分が死ぬのです。死ぬのは自分に決まっているのです。自分を殺すのです。自分を毎日、毎日否定していると、自分ではない自分がはっきり見えてくるのです。

皆様は目で何かを見ます。それは自分の力で見ているのでしょうか。冷静に考えてください。自分の力で見ていると思えるのでしょうか。皆様の心臓が動いていますけれど、自分の力で動かしているのでしょうか。

人間は説明できないことを信じているのです。善悪ということをやたらに言いますけれど、善とは一体何でしょうか。これが分からないのです。

自分はありもしないものであるのに、自分がいると考えるのです。これを五蘊というのです。般若心経に照見五蘊皆空とありますけれど、自分の気持ちから抜け出してしまうことをいうのです。

照見五蘊皆空を実行しますと、死ぬということが妄念だということが分かります。もっとはっきり言いますと、現在人間は既に死んでしまっているのです。

自分がいる、自分が生きていると思っていることが、既に死んでしまっていることを意味しているのです。肉体の死、脳波の停止によって、そのことが決定的に実現するだけのことです。

今皆様が生きていると思っていることが、既に死んでいることです。般若心経はこれを言っているのです。般若心経の般若波羅蜜多というのは、向こう岸へ渡ってしまうことです。向こう岸へ渡ってしまうことは、こちら岸に生きていないということです。

般若波羅蜜多ということを真面目に考えるなら、今現在死んでいるということがお分かり頂けるでしょう。

そこで皆様にお願いしたいことは、命とは何か、命はどこにあるのかをお考え頂きたいのです。その勉強をして頂きたいのです。皆様は現在死んでしまっているのですから、死ぬ心配をする必要がないのです。死ぬ心配をするよりも、毎日、毎日の生活において、命とは何か、本当の命はどこにあるのかを考えて頂きたいのです。

既に皆様は死んでしまっているのですから、これ以上死ぬことはありません。ただ脳波が止まってしまいますと、皆様が死んでしまうことが決定的な事実になります。

今皆様は死んでいる状態です。死んでいる状態ですけれど、まだ死んでしまった状態ではないのです。だから、今なら命がどこにあるのかという勉強をすることができるのです。命が見つかる可能性があるのです。皆様の目の黒いうちならその可能性があるのです。

とにかく心臓が動いているうちに、皆様は命を見つけなければならない責任があるのです。このことを真面目に考えて頂いたら、死という問題は完全に解決するのです。

こういうことを公言したのは日本では私たちが初めてではないでしょうか。多分そうではないかと思います。孔子は世界の三大聖人の中の一人になっています。彼は、「我いまだ生を知らず、いわんや死をや」と言っています。生とか死は、私は知らないと言っているのです。

孔子は正直な人です。仁を説いたのですが、生活の仕方だけを説いたのです。孔孟は生活の仕方だけを教えているのです。

孔孟の教えとルネッサンスのユダヤ主義とは同じことです。皆様は既に死んでしまっているのです。自分が生きていると思っているからです。自分が生きているというばかなことを考えることは、死んでいる証拠です。

自分とは何かということの説明ができないのに、自分が生きていると無条件に信じている。無条件に信じているということは、その人の精神状態が盲目になっているということです。精神状態が盲目になっているということは、魂的には死んでいるということになるのです。

皆様は現在、既に死んでいるのです。だから、これから死ぬことの心配をする必要がないのです。まず心配から解放されることです。そうして生きることの心配をするのです。

命はどこにあるのか。どうしたら命の本物を掴まえることができるのか。これは今のところ私たちにしか教えられていないのです。やがて皆様も教えられるでしょう。

今の学問が間違っているのです。文明が間違っているのです。世界中の人間は、ユダヤ人に鼻づらを取られて引きずり回されているのです。

私たちは逆に、ユダヤ人の鼻づらを取って引き回してやればいいのです。私たちはそれを考えているのです。ユダヤ人の鼻づらがどこにあるかを、今捜しているのです。

ユダヤ人が間違えた

ユダヤ人が間違っているのです。これが全世界の文明が間違っている原因です。文明が人を殺しているのです。魂を殺しているのです。

皆様は現在死んでいるのですから、命がどこにあるかを考えたらいいのです。こういう素朴な考えが持てる人は、既に死の解決に向かって一歩踏み出している人です。

皆様が本当に死を解決したいと思われるなら、本当の命がどこにあるのかを考えたらいいのです。そうすると、一筋の光明が差し込んでくることになるのです。

この世を去ることは死ぬことではありません。ただ境遇が変わるだけです。死ぬということは他界するだけです。他界というのは現在の世界から去ってしまって、別の世界へ移るのです。存在の形が変わるだけです。

今私たちの心臓が動いている間に、この世を去ったらどうなるのか、未来とはどういうものかを掴まえたらいいのです。

今皆様の心臓が動いていますが、心臓が動いていることは何であるのか。これが医学では分からないのです。医学は心臓が動いている状態の診断はできますけれど、心臓がなぜ動いているかという説明は一切できません。ここに専門学の底の浅さがあるのです。

命を勉強しますと上の方に抜けるのです。人間は長い間自分に苦しめられているのです。そのために、私がこうしてお話ししても分かりにくいと思われるでしょう。

分かりにくいと誰が思うのでしょうか。自分が思うのです。皆様にとって自分という者は全くの目潰しになっているのです。自分という真黒なメガネをかけて、見えない見えないと言っているのと同じことです。真黒なメガネを外してしまえば、すぐに見えるのです。命が分かるのです。

このやり方をイエスがどのように実行したのか。イエスは自分に生きていなかったのです。自分をどのように征伐したのか。端的に言いますと、イエス以外に実行できた人は一人もいないのです。

孔子、孟子も失敗しています。達磨もだめです。聖徳太子、法然、親鸞も道元も、弘法大師も皆失敗したので、皆死んでしまったのです。

日本では自分を徹底的に退治できるのは、今まで一人もいなかったのです。私は幸いにして、自分がいないという事が分かりました。神から、現世はない、彼岸の実体を示されて、彼岸に渡った結果、初めて自分がいないということが分かったのです。とこしえの命を掴まえることは狭き門です。非常に狭いですけれど、イエスという門を通る以外にはないのです。

イエスは、「私は門である」と言っています（ヨハネによる福音書10・9）。イエスという門を突破する以外に方法はないのです。

イエスは死を破ったのです。歴史的事実において死を破ったのです。イエスだけが狭い門を通り越してしまったのです。これは事実です。

イエスが死を破ったという事実を真面目に勉強する気持ちになれば、既にその人は死を破る第一歩を踏み出したことになるのです。キリスト教は私がいうような明々白々な状態で、堂々とイエスを推薦することはできないのです。イエスの復活が何のことか分からないからです。

命を掴まえなければいけないのです。現在自分が死んでいるのだということを自覚するのです。そうすると、皆様はたちまち楽になるのです。自分が死んでいるということが分かりますと、つまらないことに腹を立てなくなるのです。つまらないことに損得を考えなくなるのです。つまらないことで喧嘩をしなくなるのです。焼きもちをやいたり、嘘を言ったりしなくなるのです。自分が生きていないから、そんなことをする必要がないのです。

そこで極めて冷静に、極めて綿密に考えるのです。自分の心臓が動いているのはどういうことか、自分の目が見えるとはどういうことかということに、取り組んでみようという気持ちになったらいいのです。

「命旦夕に迫る」という人に対する特効薬はありません。なぜかと言いますと、いくら言っても命が分からないことになるのです。自分が生きていた方向を転換すべきだということを、常日頃からできるだけ考えることです。

自分が生きていたということが妄念だということを考えるのです。自分が生まれてきたのではない、生まれたいと思ったのではないのですから、自分が生まれてきたはずがないのです。ところが、自分が生まれてきたのだということを、世間の業《ごう》によってそのように思い込まされてしまったのです。両親とか、兄弟とか、友人によって自分が生きているという妄念を注入されてしまったのです。

自分が生きているという考えを、自分で発見した人は一人もいません。これは世間の思想です。世間の思想というのが人を殺すのです。そこで、世間の思想に取り合わないで、自分自身の命のあり方を極めて正道に、綿密にじっと見るのです。そういう習慣をできるだけ持つように考えるのです。

常日頃からできるだけそう考えて頂きたいのです。すべて霊魂の問題は気力の問題です。気力がないとできないのです。気力がなくなっている人は、現世で命を捉える資格を失ってしまった人になるのです。これはやむを得ないのです。

できるだけ元気なうちに、命を掴まえることを考えて頂きたいのです。死ぬための心配をする必要はありません。命を掴まえる心配をして頂きたいのです。

人間は既に死んでいるのですから、命がどこにあるのかを勉強しなければいけないのです。自分はだめだと思ってはいけません。だめな人間は一人もいないのです。いよいよ息を引き取る時になりましたら、あなたの今までの生き方は間違っていた。目を閉じる時に、自分の人生は間違っていたと、はっきり考えて死になさいと言ってあげたらいいのです。これだけでもだいぶ違うことになるのです。死んでからの状態が違ってくるのです。

死んでいく人には本当のことを言ったらいいのです。宗教のように嘘を言ったらいけないのです。

輪廻転生は嘘

人間は死んでからの行き先が全く分からないのです。人間はもう一度生まれてきたらいいという、非常にはかない命を持っているのです。人間の希望的観測によって発生したのが、輪廻転生という考えです。

転生というのは二通りのことが言えるのです。一つはほとんど死んだ人のような人が生き返ったということと、何百年も前に死んだ人がもう一度生き返って、現世にいるという考えがあるのです。

何百年も前に死んだ人が、また生まれて生きているという考えは嘘です。これは宗教観念です。新興宗教がこういう意味で輪廻転生を言っていますが、これは嘘です。死後の世界が人間に分からないという弱点を突いて、金儲けの商売として輪廻転生と言っているのです。こんなものを信じてもしょうがないのです。

仮に五百年前に死んだ人が、もう一度生まれてきたという事実があるとしても、今皆様が生きていることには何の関係もありません。皆様は現在生きているという事実に基づいて考えて頂きたいのです。これが一番必要なことです。

魂の輪廻と輪廻転生とは違うのです。皆様の魂には過去世がありました。過去世がなければ現世はないのです。皆様の本能性というものは、生まれる前からのものです。これが現在私たちの本能性になって存在しているのです。

人間がこの世に生まれてから本能ができたのではなくて、先天的な本能性があったのが、今人間としてこの世に生きているのです。これは死んだ人間がこの世にもう一度生まれたということとは違うのです。

生まれてきたというのは、どこかから来たのです。死んでいくというのはどこかに行くのです。このような意味での変転はありますので、これをよく勉強しますと、死んでから後の状態が自ら分かってくるのです。

魂は一体何であるのか。生まれる前の先天性、本能性が現在魂として肉体的に生きています。皆様の本能は生まれる前に既にあったのです。

例えば蜘蛛の子は、生まれてしばらくしますと巣を張ります。自分の体の何百倍という面積の巣を張るのですけれど、どうして幾何学的に精巧な巣を造ることができるのでしょうか。これが先天性です。

蜘蛛は親とか兄弟に習ったのではない。蜘蛛の子は自分の体の何百倍という工学的なすばらしい巣を構築できる能力が与えられているのです。このような天才的な働きは蜘蛛自身のものではないのです。

皆様が善悪を考えたり、利害得失を考えたりします。その能力性は皆様方自身のものではありません。蜘蛛が巣を張るようなものです。

人間としての本能性が、尊い心理機能として皆様に与えられているのです。この心理構造は命の本源から来ているのです。皆様は命の本源からすばらしい心理機能を植え付けられて、この世に生まれてきたのです。

命の本源、根源を神というのです。命というのはおのずからあったものです。例えば、太陽がおのずからあるように、天がおのずからあるように、おのずから存在したもので、これが命の実体です。

おのずから存在した命の実体が、今皆様に人間という形でこの世に現われているのです。皆様の命の原因は神です。神は命の根源です。

皆様は命の根源から生理機能と心理機能を与えられて、この世に生まれてきたのです。これは皆様のものではなくて、貸し与えられたすばらしく尊いものです。従って、これは滅することはできないのです。

命の根源から現われた生命機能は、滅すること、絶滅することができないものです。肉体は滅びていきますが、命の根源からきたものは絶滅しないのです。これが魂としてこの世に現われているのです。この点をよくご承知頂きたいのです。

絶滅するものなら、死んでしまえばそれまでとなるのです。しかし、人間の魂は死んでしまえばそれまでという訳にはいかないのです。善悪を判断するこの意識機能は、非常にすばらしい深奥無類のものです。神の機能そのものです。

これが魂として皆様に与えられているものですから、死んでしまえばそれまでとして簡単に片付けられないのです。だから、皆様の意識機能は、死んでからでも伝承するに決まっているのです。

自分は死んでしまえばそれまでだと考えても、そうはならないのです。人間の生命機能の本質は、神から出てきているのですから、滅したり、消えたりしないのです。だから、神を信じるか信じないかを考えるということが、既に人間の心理機能が神から来ているという証拠になるのです。

皆様の意識機能は神の機能をそのまま伝承しているのです。これは心臓が止まってもなくならないのです。だから恐いのです。死んでしまえばそれまでなら、般若心経の勉強をする必要はないのです。

ところが、死んでも意識機能は残るのです。肉体は灰になりますが、意識機能は灰にはならないのです。これは心霊科学によっていくらでも証明できるのです。死んだ人の霊を霊媒によって呼び出すと、色々と話をするのです。

死んでしまいますとご他界します。そうして、現世に生きていた記憶がその人の意識になって残っていくのです。今の皆様は、十年前に海外旅行をしたとしますと、文章に書けるくらいに記憶が明瞭です。

死んでしまいますと顕在意識がなくなりますから、死んでしまった者は理屈をいうとか、文を書くということはできません。ただ生きていたという記憶の本質は残存するのです。意識の残影が残っていくのです。

やがて復活します。意識の残影が元の状態のようになって復活するのです。これを転生と間違えるのです。これはキリスト教ではない聖書を精密に勉強するとよく分かるのです。

キリスト教ではこういうことは全く分かりません。キリスト教では説明ができませんが、聖書には出ているのです。一度はこの世を去りますけれど、もう一度裁かれるために復活するのです。

現世において、神から見て合理的な生き方をしていた者は、その報いを受けるために復活する。神から見て不合理な生き方をしていた者は、神の呪いを受けるために復活するのです。それぞれの報いを受けるために、霊魂は必ず復活するのです。

皆様は現世が、この世がどれだけ矛盾しているのか、どれだけ不公平なものか、どれだけ不合理なものかということを、毎日、毎日経験しているのです。

この世は理屈に合わないことばかりです。そうすると、いつか、どこかで、その不合理、不公平の帳尻が合わされなければならないのです。現世では全然帳尻が合わないのです。

皆様の人生全体の貸借対照表は、バランスシートされなければならないのです。これを霊魂の審判というのです。人間の魂が死なないからそういうことになるのです。

三百年前、五百年前に生きていた者が、また生まれてきたという話は、全くの作り話です。信じてはいけない話です。現在皆様が生きているという事実に基づいて考えて頂きたいのです。

ある天理教の先生が、七回生まれ変わると言いました。そこで、今あなたは何回目ですかと聞いたら、分からないという返事でした。分からないことを言ってはいけないと忠告しておいたのです。天理教というのはそういうものです。

亡霊と生霊

亡霊は亡くなった人の霊ですが、これは生きている人に非常により頼んでいるのです。ご主人はこの世を去ってしまったということですが、残っている奥さんに無意識により頼んでいるのです。自分の縁続きの霊に頼むに決まっているのです。

現世に生きている人間、生霊は、亡霊に対して責任があるのです。人生が霊です。生きていることが霊です。新興宗教がいう霊とは違います。新興宗教の霊はシャーマンズムの霊でありまして、これは霊媒によって下りてくる霊です。これは心霊科学の霊であって、嘘の霊です。霊でも嘘の宗教的な霊と、人間の本当の霊と二通りあるのです。皆様は霊についてはほとんど無知です。ユダヤ人問題についてもほとんど分からないでしょう。

ユダや人間題は全世界の人間の因縁です。人間歴史六千年がどのような動きをしてきたのかということを説明するためには、どうしてもユダヤ人問題を考えなければならないのです。日本人は命については全く無知蒙昧です。この日本人に永遠の生命を教えるということは至難の業ですけれど、誰も教える人がいない。そこで私たちがしなければならないと考えているのです。

もう人間文明は終焉を迎えようとしています。この危険な時に、せめて日本だけでも、本当の価値観、世界観が持てる人を造りたいと思っているのです。

本当の魂の真理の勉強は難しいものです。しかしやる気があればできるのです。素直であれば、私がいうことはお分かり頂けるでしょう。

奥さんは素直になれば、亡くなったご主人の霊魂を救うことができるのです。今までの奥さんの気持ちを棚に上げて、般若心経に書いてある般若波羅蜜多という気持ちを持つという考えがあればできるのです。

未亡人というのは、未だ亡くならない人という意味です。半分死んでいるようなものです。

半分死んでいるというように割り切って考えるのです。

現世のことよりも亡くなったご主人のことをよく考えるのです。そのためには、自分の魂の目を開くことが必要です。

現在のあなたは魂の盲人です。この状態では霊のことをいくら説明してもらっても分かりません。まず聞き従うという従順な気持ちを持ってください。女の人ならこれはできるでしょう。男はなかなか難しいのです。

男はつまらない理屈を頭に詰め込んで、いかにも物知りのような顔をしているのです。ところが、頭の中はからっぽです。魂についてては何も知らないのです。自分の仕事のことについてはよく知っているでしょう。

「道によって賢し」という言葉があります。皆様は自分の専門についてはなかなか賢いでしょう。専門的な仕事ができるほど、皆様にはすばらしい能力があるのです。道によって賢しと言われるくらいの賢さがあるのですから、その賢さの半分でもよろしいから、魂の方へ振り向けてください。そうしたら分かるのです。

人間が一人生きています。一人生きている人間が集まって国ができているのです。国が集まって世界ができているのです。だから霊魂の因縁、人間の命を本当に知ろうと思ったら、個人、国家、全世界の三つを貫いて見通すことができるような感覚がなければ分からないのです。

六千年の人間の歴史はどういうものであったのか。これが分からなければ、今の皆様の霊魂の意味は分かりません。だから素直に聞いて頂きたいのです。

今の男の自尊心が悪いのです。頭がない人間に限って自尊心が強いのです。だから、素直になって魂の本当の勉強をする気になってください。そうしたら、すばらしい命の秘密が分かるのです。

日本人には非常に悪いところがありますが、日本人が知らないところに良いところがあるのです。戦前の教育勅語に、「古今に通じて謬らず中外に施して悖らず」とありましたが、この説明ができる人はいないのです。

日本人は日本の国体を本当に知らないのです。やがて日本の国体が明らかにされる時がくるでしょう。そうしたら、歴史が変わるのです。

皆様に一番考えて頂きたいことは、今生きているということ、心臓が動いているとはどういうことかを知って頂きたいのです。

実は皆様の心臓が動いていることが神です。命の本源のあり方が、皆様の心臓に現われているということです。皆様は目で見たり耳で聞いたりしています。これは脳波が働いているということです。なぜ脳波が働いているのかと言いますと、脳波の源があるから人間の脳波が働いているのです。

脳波が働いている。心臓が動いていることが何であるのかということを、もう少し謙遜な態度で勉強して頂きたいのです。

自分が生きているという感覚が間違っているのです。命は自分のものではありません。皆様の心臓は皆様が動かしているのではないのです。従って、心臓を動かしているものが何であるかが分かれば、命は分かるのです。

心臓が動いている間に、皆様の意識の根源がはっきり目を開くことになりますと、宇宙の生命の根源と一つになることができるのです。生命の根源と皆様の脳波が一つになれば、永遠の脳波に入って行くことができるのです。

イエスが死を破ったという事実があるのです。イエスが死を破ったということの他に、死を破ったという事実はないのです。孟子も孔子も、マホメットも死んでしまったのです。死んでしまった人のことを勉強してもしょうがないのです。

死を破った人のことを勉強したら、皆様も死なない方法が分かるのです。やがて脳波が止まります。脳波が動いているうちに、宇宙の本源である命の実体と結びつくことができれば、皆様の精神構造が変わってくるのです。

精神構造の働きは恐ろしいものです。精神構造は生理構造を上回る大きい力を持っているのです。例えば、皆様が腹を立てると心臓がどきどきするでしょう。精神構造は生理構造にすぐに影響するのです。

精神構造が現在の皆様の命を乗り越えて、永遠の命の実物を掴まえることができるようになりますと、皆様の生理機能も変化する可能性があるのです。

皆様が今持っている肉体は本当のものではありません。死なない体があるのです。イエスが復活した時に、死なない体を持っていたのです。イエスの勉強をしますと、死なない体がだんだん分かってきます。

今までの皆様の勉強では、とても魂のことは分かりません。もっと大人になって勉強するのかと言いますと、そうではないのです。子供になって勉強するのです。幼子になって勉強するのです。幼稚園時代のような素朴な、素直な気持ちになって勉強するのです。

イエスがどのように生きていたのかを勉強したら、必ず分かることです。これを申し上げているのです。

イエスを信じる必要がなぜあるのか。皆様が現在生きているのは、理性と良心によっているのです。理性は物事を理解する力です。善悪利害を理解する力です。学問を理解する力です。理解するのは理性によるのです。良いか悪いか判断するのは良心です。行うか行わないかを決定するのが自由意志です。

自由意志とか良心という機能、理性という精神的な機能があって、皆様はすべきこととすべきではないことが直感的に分かるのです。

こういうことが分かるような状態で生きているのは、この世に生きるためではないのです。本当の命を弁えて永遠に生きるためです。本当に命を弁えて永遠に生きようと思いますと、自分を乗り越えなければならないのです。

業《ごう》

自分が生きているという気持ちが人間の業です。この業を乗り越えないことには、業を果たさないことには、本当の魂の命を掴まえることはできません。

これが大切であって、皆様は理性や良心というすばらしい機能で生きています。しかも、自分の生理機能というもの、たとえば、心臓とか肺、胃がどのように働いているかということを、専門家ではなくてもだいたい知っているのです。

人間は自分の命について、肉体的にも精神的にも適当な判断ができるようなすばらしい精神機能を持っているのです。

実は人間は動物ではないのです。ところが、人間は肉体人間という動物だと思っているのです。これは大変な考え違いです。ルネッサンス以降の学問では、人間は生物学の中に入るのです。これがユダヤ主義の考え方です。個々の人間が肉体的に生きているということが、人間が動物の一種類であるという思想に繋がっていくのです。

個々の肉体で個々の人間が生きていると考える。一人ひとりの人間が、一人ひとりの命を持っていると考えるのです。この考えは、動物が生きているのと同じ見方を、人間に当てはめて考えているのです。

ところが、冷静に判断すると、百人いても十万人いても命は一つしかないのです。砂糖をなめたら世界中の人間が甘いと感じます。塩をなめたら世界中の人間が辛いと感じます。

私は世界一周旅行を二回して、色々な国の色々な人と会ってみてこのことを痛感致しました。世界中の人間の五官は一つです。味覚も、聴覚も、視覚も人間の五官の働きは全世界に一つしかないのです。このように皆様は学問的にも実体的にも、自分の存在を見極めるだけの力を持っているのです。命についてある程度見極める力を持っているのです。

この状態を魂というのです。魂の本当の本質をイエスというのです。ここが少し難しいかもしれません。魂としての人間存在の状態を、全世界を一つにまとめて客観的に言いますと、イエスという名前になるのです。これが新約聖書の根本原理です。

キリスト教ではこれが全然分からないのです。死を破ったイエスという人の本体は、実は皆様方自身です。皆様の魂の本体がイエスそのものです。このことを皆様に詳しく、正確にお話ししたいのです。

皆様はこのことが分かれば死ななくなるのです。死を破ったイエスの命が、そのまま自分の命であることが分かるのです。このことを本当に知りたいと思う方に、私は詳しくお話ししたいと考えているのです。

今の日本でこんなことをいう人はいません。世界でもいないでしょう。私がお話しすることを正確に理解して頂ければ、皆様はイエスという死なない命を受け取ることができるのです。

私のいうことをお聞きにならなければ、死んでから地獄へ行くことになるのです。そうなるに決まっているのです。そうなるしかないのです。

イエスによって永遠の命を掴まえるか、そうでなかったら永遠の暗闇の中に迷って入って行くか、どちらかです。イエスが皆様の命の実体です。だから勉強しなさいと口が酸っぱくなるほどいうのです。私の命の実体が私ではない。私の命のあり方はイエスです。

イエスの勉強をすると私自身が分かるのです。私は今、自分の本体が自分でなくて、イエスであることがはっきり分かるのです。だから、死なない命を自分で実感できるのです。

皆様には命はありません。だから人間は死んでいるのです。自分のことをあれこれ考えてもだめです。本当の命のあり方はどこにあるのかを考えたらいいのです。

イエスが死を破ったことは、実は皆様自身のことです。イエスが死を破ったことが、実は皆様自身のことですから、これは大変なことです。全く大変なことです。

これがユダヤ人に分かると、世界がひっくり返ってしまうでしょう。その時がだんだん近づいてきているのです。その時になったら、皆様が命を掴まえるチャンスがなくなりますから、今のうちに永遠の生命を掴まえて頂きたいのです。

27. 絶対に死なない自分を見つける方法

般若心経の冒頭に、次のようにあります。

「観自在菩薩
行深般若波羅蜜多時
照見五蘊皆空
度一切苦厄」

求道者である観自在が、深遠なる真実の知恵において、実践し修行しておられた時に、人間の精神的な在り方は、物質的現象が実体であると思うことによって成立していると見極められた。その結果、人間の感受性も、了解も意志の決定、認識が成立しているのですが、物質的現象は実体ではなくて空であることを、観自在菩薩は悟られたのです。

もしそうであるなら、人間のあらゆる感受性も、了解意志の決定、認識も空です。これが分かったので、人間のあらゆる苦しみ、悩み、災いも空であることを悟られたのです。

一切の苦厄の中には老、病、死も入っていまして、人間が死ぬことさえもないという驚くべきことを悟られたのです。

観自在菩薩になぜそういうことが分かったのか、観とは物事の真相を深く深く見極めるということです。自とは初めからあったものという意味で、この宇宙にビッグバーンが起きる前、あらゆるものが宇宙にできる前、天地開闢の時という意味です。そこに命があった。永遠の命があった。死に関係がない本当の命があったのです。これ以外に、死も、地球もなかったのです。

観自在菩薩は、宇宙開闢の時の命、死に関係がない本当の命を見たのです。その結果、死に関係がない本当の命以外は全部空であることを悟られたのです。現世が嘘であり、幻の世界であることを見極められたのです。

人間はこれを知るためにこの世に生れてきた。死なない命を見つけるために、自分という意識を与えられたのですが、人間は自分について大変な考え違いをしているのです。だから、死んでいくことになるのです。

自分とは何か。自分自身のことを自分と言いますが、これには自意識と自我意識があるのです。

自意識で考える自分は、純粋な一人称です。自我意識の自分はみずからであって、自分自身から、自分を中心にして考えるのです。

人間は誰でも自分を中心にして見たり考えたりするのです。これは一体どういうことなのか。大体、森羅万象の中で、動物だけでなくて植物でも、また、鉱物でも多分自分があるでしょう。石でも石という格好で自分を主張しているのです。

動物は哺乳類だけではなくて、魚類も鳥類でも自分を中心に生きているのです。自己中心に生きているのです。

これはどういうことなのか。動物のことを取り上げますと、自分中心に考えるのでなかったら、餌が取れないのです。腹がすくのは自分ですから、餌を取るのです。もし自分という意識がなかったら、自分で餌を取ろうという努力をしないことになるのです。その結果、死んでしまうことになるのです。従って、自分自身の生命を持続するために、みずからという意識がどうしてもいるのです。

ところが、人間が考えている自分という意識は動物が持っているみずからという意識とは全然違うのです。

犬がみずからと考えるのと、人間がみずから（自分）と考えるのでは、全然違うのです。これがよく分かったら、人間は死ななくなるのです。死なない命が分かるのです。

人間が死ぬというのは、ちょっとした誤解です。錯覚です。本当のことを知らないことを錯覚と言います。自分自身の意識だけで生きていることを錯覚の世界に生きているというのです。

人間がみずからという意識で生きているのは、錯覚の世界に生きているのです。自己中心に物事を考えるというのは、動物の世界の考えです。

自分中心に考えることを、エゴイズム（egoism）と言いますが、エゴイズムは我利主義ではないのです。自我主義です。

自我がエゴです。自我意識は我利主義になっていくのですが、本来は自分の利益を考えるのではなくて、自分自身を中心に考えるのです。これがエゴイズムです。

人間はエゴイズムで生きています。エゴイズムで生きているということは、人間の霊についての誤解です。霊についての誤解というのは、生きている状態についての誤解ということです。人間は自分の命について誤解しているのです。だから、エゴイズムで考えるのです。自分中心に考えるのです。これは死人の考えです。

自分中心に物事を考えるということは、死ぬ人間の思想です。死にたい人は自分中心に考えたらいいのです。死にたくない人は、自分中心に考えることをやめたらいいのです。

死なない方法があるのです。こんな事を言う人は世界中にいませんが、私はそれを上（神）から教えてもらったので、こうして皆さんにはっきり言うことができるのです。

人間は絶対に死ぬと考えています。日本人は絶対に死ぬと考えて生きています。日本人は命を全く考えない民族です。生活のことは考えます。仕事のこと、商売のことは一生懸命に考えます。基本的人権ということは考えますが、命のことを全然考えないのです。

基本的人権という考え方がエゴイズムです。この考え方が間違っているのです。これは人間の錯覚です。絶対に死んでいく人間が基本的人権と考えることが、根本的な錯覚です。

人間は錯覚の世界に生きているのです。錯覚の牢獄の中に閉じ込められているのです。人間は錯覚の牢獄の中に住んでいるのです。

エゴイズムというのは自分が造った牢獄です。自分が造った意識的牢獄です。人間は自分の意識によって、自分の世界を造っているのです。これが意識世界です。

人間は自分の意識世界の中に閉じ込められているのです。そこでみずからと考えるのです。だから、死んでしまうのです。

日本人は死ぬことがよほど好きな人間です。誰もがみずからの世界に生きているからです。自分中心に考えようとばかりしているからです。そうして、死んでいくのです。

ところが、死にたくないと言うのです。ちょっと体の状態が悪くなったら、すぐに病院に行って治療してもらいます。そのように、命を非常に大切にしているのに、死から逃れようとしていない。死なない命を掴まえようとしないのです。これはどういう訳でしょうか。

日本人は命を非常に大切にします。だから、病院にはいつも人がいっぱいいます。高齢者の治療費が一割負担ですみますから、そのためにたいした病気ではないのに病院に行くという人もいるようですが、とにかく何かあったらすぐに病院に行くのです。

人間は少し体の状態が悪くなったら、すぐに病院に行きます。これは命を大切にしている証拠です。命を大切にするというのは、大変結構です。それほど命が大切だと考えるのだったら、命についての考えをもう少し改めようとして頂きたいのです。自分自身についての考えを、改めようとして頂きたいのです。

これをして頂いたら、人間は死ななくなるのです。むざむざと死ぬことはないのです。

肉体が衰えたら死ぬのではないかという人がいますが、生理機能の故障はあります。これは死ではなくて機能障害です。機能障害は死ではないかと考えるのです。

体の故障によって死ぬのではないかと思う。死の恐怖に脅かされるのです。だからあわてて医者に行くのですが、結局病気が恐ろしいのではなくて、死ぬことが恐ろしいのです。もしそうなら、死ぬことをやめたらいいのです。そんなことはできるはずがないと言われますができるのです。

病気になったら病院に行きます。人間は自分の体を管理しなければならない責任がありますから、その意味で病院に行くことは必要ですが、死が恐いから病院に行くのではないのです。死なない命を掴まえたらいいのです。そうしたら、死は少しも怖くないのです。病院へ行くのは死が怖いからではなくて体を管理するために行くのです。

人間はみずから生きています。こういう感覚で生きていたら、必ず死んでしまいます。できるだけ早くみずから生きているという感覚から、脱出して頂きたいのです。

そのためにどうしたらいいのか。みずから生きるのではなくて、おのずから生きたらいいのです。

人間はどうして自分という意識を持つようになったのか。これをよく考えて頂きたいのです。自分という言い方を、なぜするようになったのか。これは仏典からきているようです。仏典に「本具の自性」という言葉があります。これはどういうことかと言いますと、本来の仏性のことです。

臨済禅の修業に行きますと、「狗子（犬）に仏性有りや無しや」と聞かれます。無門関第一則の公案ですが、無と言ってもいいですし、有と言ってもよいのです。その時の顔つきで、「良ろしい」と言ってもらえるのです。大体よろしいと言われるようです。

犬に仏の性があるかどうかです。犬が犬であるとはどういうことなのか。犬がなぜ犬なのだろうか。セント・バーナードのような大きい犬でも、トイプードルのような小さい犬でも、性があるのです。犬に性があるとはどういうことなのか。

人間はそういうことについて、哲学的に考えようとしないのです。日本人はそういう意味で、非常に不勉強です。犬がなぜ犬なのだろうか。猫はなぜ猫なのか。犬は犬に決まっている。猫は猫に決まっていると言うでしょう。なぜ決まっているのかということです。

トマトはなぜトマトなのか。カボチャはなぜカボチャなのか。なぜキュウリの蔓にナスがならないのか。女はなぜ女なのか。男はなぜ男なのか。こういうことを哲学的原理というのです。日本人はこういうことを考えようとしないのです。

こういうことを考えるのがユダヤ人です。だから、ユダヤ人が政治の原理、経済の原理、科学の原理、文明の原理を造っているのです。ユダヤ人は神からすばらしい知恵を与えられていますから、文明の根本原理を造っています。これは現世に生きるためではなくて、永遠の生命、死なない命を考えるのがユダヤ人の役割りですが、永遠の生命を考えるということをユダヤ人は全くしていない。そこで、異邦人である私たちがそれを考えることになったのです。

ユダヤ人だけが哲学的に考えている。そこで、ユダヤ人が世界をリードしているのです。ニューヨークのウォール街で活躍しているのも、モスクワのクレムリンでも、ユダヤ人が活躍しているのです。

そのように、ユダヤ人は隠然なる勢力を持って世界を指導しているのです。さすがにユダヤ人と言えるのです。日本人は及ばないのです。

仏典にある「本具の自性」とは何か。本具とは本来備えているという意味です。本来備えているということは、生れる前に備えられていたということです。これが初めということです。

自分というのは初めの分です。人間が人間であることを誰が決めたのか。生れる前に決められたのです。大体、皆さんは不勉強でありすぎます。命のことを考えないからです。もう少し命のことを考えて頂きたい。命を大切にして頂きたいのです。

自分とは初めの分です。人間は生れる前に人間だったのです。生れる前の分がこの地上へ肉体を持って現われたのです。だから、自分というのです。

自は、初めが原理になっています。例えば、日記帳には自一月一日、至十二月三十一日とあるのです。自は初めという意味です。

生れる前の本性が、肉体的に現われた。これが自分です。皆さんがこの世に生れる前に皆さんの原理、原形があったのです。これを魂の本性と言います。これを仏典は仏性と言っているのです。魂の本性が仏性です。

だから、皆さんが煩悩を捨てて、愛憎の念を捨てて、すがすがしい心になれば、誰でも観音様になれるのです。

このことを白隠禅師がよく述べていたのです。誰でも煩悩愛憎の念を捨てて、解脱するなら、観自在菩薩になれると言ったのです。臨済宗中興の祖と称された江戸中期の白隠禅師が、そのように言っていたのです。

般若心経に「観自在菩薩行深般若波羅蜜多時」とあります。観自在、観世音というのはすべて初めにあった自分を見たのです。初めにあった自分が自分であることを悟ることが、自分です。

人間が人間であることが自分です。こんな簡単なことが仏教大学の教授に全然分からないのです。寺の管長、大僧正が分からないのです。だから、仏教大学を出てお坊さんになった人は、本当のことが全然分からないのです。こういう人が寺で教えているから、困ったことです。

学校教育は本当のことを教えないのです。人間の本性を教育の名によってねじ曲げてしまったのです。人間を教育によって現在という世界に閉じ込めてしまうのです。

学問は一つの理屈です。理屈の世界へ人間を閉じこめてしまうのです。

本来あるがままの自分を勉強しようと思ったら、自分が現在生きている状態を、じっと見ればいいのです。

例えば、花が咲いているとします。これは自分が咲いているのです。菊の花は成長する前から菊の花になるに決まっていたのです。これをおのずからの分というのです。初めからの分が菊の花になっているのです。

アジサイは咲く前からアジサイに決まっているのです。この状態を自分というのです。花には主我的な自分、自我的な自分は全然ありません。自我意識を全く持っていないのです。花は堂々と咲いているのです。本当の自分が咲いているからです。

「闇の夜に鳴かぬカラスの声聞けば、生れる前の父ぞ恋しき」という一休和尚の道詠があります。生れる前の父が本当の自分です。

イエスは死ななかった。死を破ったのです。イエス・キリストの復活は当り前です。死なない自分で生きていたからです。死なない命で生きていたからです。

皆さんも死なない自分に気がついたら絶対に死にません。肉体が滅びるのは自然現象です。生理機能の停止であって、死ぬのではないのです。だから肉体の死を怖れる必要はないのです。

皆さんが地上にいる間に、本当の命、即ち本当の命の本体、本具の自性が分かれば、皆さんが死なない命を持っていることが分かるのです。

本具の自性とは生れる前の自分です。生れる前の自分が分かれば死なないのです。皆さんはこの世に出てきたので死ぬことになったのですが、生れる前の自分は死なないのです。生れる前の自分が分かればいいのです。

江戸時代前期に活躍した臨済宗の盤珪和尚は、「不生の仏心」ということを盛んに言っていました。不生とは人間はまだ生まれていない。生れる前の状態が今現われていると言ったのです。

これが分かったら人間は死ななくなるのです。生れていないのだから死ぬこともないのです。盤珪和尚の言い方は少々不徹底です。盤珪が説いた「不生の仏心」は非常に説明不足です。聖書がなかったので、十分な説明ができなかったのですが、今私たちには聖書がありますので、盤珪和尚が分からなかったことが、非常に良く分かるのです。従って、皆さんに詳しく説明することができるのです。

皆さんが本来の自性に帰ろうという気持ちになれば、皆さんの本性が良く分かることになるのです。

本来の自分は生れる前の自分ですから、死んでしまう自分ではありません。従って、死なない命が分かるのです。

これは難しいことではありません。簡単なことです。初めに命があったのです（ヨハネによる福音書1・1〜4）。命が言になって現われた。これが森羅万象です。これを神の約束というのです。これを学ぶことが人間の知恵、知識の最高峰です。

本来あった命、初めからあった命を無量寿如来と言います。無量寿如来とは死なない命です。死なない命が人間が学ばねばならない知恵の本来です。命を勉強している皆さんが、仏説阿弥陀経とか、大無量寿経に書かれている南無阿弥陀仏の本体です。

無量寿、無量光が阿弥陀如来の性質です。阿弥陀如来とは、無量寿、無量光の仏であって、実はこれが皆さんが生まれる前の自性です。皆さんの自性は無量寿、無量光の阿弥陀如来です。だから、南無阿弥陀仏と拝んでいることは、皆さんの本体を拝んでいることになるのです。

これを本当に理解して頂くためには、地球が造られた原理を知らなければならないし、これを知ろうと思えば、神の約束を勉強するしかないのです。旧約聖書と新約聖書は、神の約束の内容を書いているのです。

私は皆さんを宗教に引き入れようとしているのではありません。もし皆さんを宗教に引き入れようとしているなら、死なない方法があるという奥の院である上等の話を初めからするはずがないのです。もっと初歩的な話をしておくのです。少しずつ、少しずつ話していって、最後に奥の院の断片を小出しにして話していくのです。あるいは、奥の院がありますよと言いながら、結局話すことができないのが宗教です。

皆さんに初めから奥の院をお話ししているのは、奥の院を無料で差し上げていることになるのです。

あらゆる宗教は皆お金儲けをしているのです。本当の命を本当に教えてくれる宗教は、日本には一つもありません。アメリカにもないのです。ヨーロッパ、ロシアにもないのです。世界中どこにもないのです。

これは、「古今に通じて誤らず、中外に施してもとらず」ということになるのです。今であろうが、昔であろうが、誤らない。世界中どこへ持っていっても、未生以前の命は通用するのです。私の言うことは、ニューヨークでも、モスクワでも、ロンドン、パリでも通用するのです。

イエス・キリストの本体を説いているからです。イエス・キリストがなぜ復活したかということを、きちんと説いているからです。これを私は体験してお話ししているのです。体験しているから確かなことをお話しできるのです。

この世界において、本当に難しいものはありません。学者が難しいことのように言っているだけです。学問の奥の院はばかみたいなものです。

イエスは、「互いに愛し合いなさい」と言っていますが（ヨハネによる福音書13・34）、命は一つしかないのだから、お互いの命を尊びあいなさいと言っているのです。

固有名詞を尊敬するのではなくて、命をお互いに尊敬しあうのです。これが神の愛です。皆さんと同じように私も世間の常識、知識の世界をうろうろしていました。本当のことが分からなかったのです。一番易しいことが一番難しいのです。ただ程高いものはないと言いますが、私は無料で話しているのです。

結局、人間が何のために生きているのか分からないのです。私たちは一体何をするために現世にやってきたのか。命を知るためにきたのです。ところが、命が分からないのです。

この世に生れてきたことが業です。この業をこの世にいる間に果さなければ死ねないのです。自分が生きているというのは此岸です。この世が此岸です。こちらの岸です。彼岸は向こう岸ですから自分が生きていない世界が彼岸です。

皆さんは彼岸に入ったらいいのです。そうしたら、業を果たすことができるのです。自分が生きていると思っている間は必ず死にます。

実は人間は自分が生きているという事実はないのです。人間が自分と考えるのは、生まれてから後の人間の意識です。

人間は自分が生きていると考えているのです。アラー・アクバルと祈っているイスラムでも称名念仏でも、神様に祈っているキリスト教の人々でも、現在この世に生きていると思っている自分がいるのです。これが宗教です。結局宗教はこの世に生きている無明煩悩の人間の頭をなでて、金儲けをしているだけのことです。

この世に生きている間は寺もあり教会もありますけれど、現世を去ったら寺も教会もなくなるのです。この世の宗教の観念はこの世に生きている間は通用しますけれど、この世を去ったら一切通用しないのです。

この世を去ったら、寺も教会も関係がないのです。私たちが勉強しなければならないのは、この世を去ってからでも通用する命です。

イエスは甦ったのです。死を破ったのです。現世を去ってからでも通用する命を、私たちに見せたのです。死んでからでもなお通用する命を、イエスは見せたのです。

日曜日はイエスが復活して、死を破った命、死なない命があることを示した記念日です。イエスが実行したことは皆さんにもできるに決まっているのです。

聖書やキリスト教を毛嫌いしなければできるのです。私はキリスト教を説いているのではありません。ところが日本人は聖書はキリスト教の教本だと思い込んでいるのです。こういう日本人の意識が間違っているのです。

日本にはまともな神観はありません。宗教は沢山ありますが、皆中途半端なものです。宗教を何十年信じても、絶対に結論はでません。本当のことが分からないのです。

如来というのは真実の如くに来た者です。真実の如くに死んでいくものを如去と言います。如来とか如去は仏典にありますが、実体的に存在していません。イエスがそれを証明したのです。

私はイエスの命が私の命であることが分かったので、私の命はいらないのです。イエスの命を掴まえたら死なない自分を掴まえたことになるのです。だから、私はもう死にません。これを皆さんにお話ししたいのです。

本当の命と現在人間が生きている命とは全然違います。だから日本人がいくら命の勉強をしてもだめです。必ず死んでしまいます。

日本には誠の神がないのです。日本人は皆無神論者と言わなければならないのです。神を信じているると思っている人でも無神論者です。

キリスト教の人々も無神論者です。キリスト教の人々が本当の神を知らないからです。本当のイエスを知らないのです。だから、キリスト教の人々でさえも、無神論者になるのです。

イエスは肉体を持って現世に来たのです。永遠の生命の産物を持ってきたのです。イエスは皆さんと同じ肉体を持っていたのです。小便をしたのです。キリスト教で考えているイエス様は小便をしないのです。尊い尊いお方ですから、小便をしないのです。救い主ですから小便をしないと考えているのです。

キリスト教でつくった偶像がイエス・キリスト様です。私は小便をするイエスを説いているのです。聖書に、「イエス・キリストが肉体をとってこられたことを告白する霊は、すべて神から出ているのである」とあります（ヨハネの第一の手紙４・２）。

イエスが肉体をとってきたので、食事をしますし、小便もするのです。今のキリスト教徒は偽善者です。キリストでない者をキリストとして伝えているのです。これが宗教です。

人間が肉体を持ってこの世にきたことが業です。これを脱ぎ捨てるのです。そうして、生まれる前の自分に帰るのです。これが業を果たす方法です。

これを実行しますと、生れる前の自分に帰ることができるのです。そうしたら、死んだ後の自分が分かるのです。

皆さんは生け花をご存じです。私の目の前に生け花があります。切り花ですから、正当に言いますと死んでいるのです。元木から切り離されたのですから死んでいるのですけれど、花瓶にさしていますから、生きているように見えるのです。

生け花は死んでいるのに生きているのです。生きているが死んでいるのです。これが現在の皆さんの状態です。

生け花は元木から切り離されているから死んでいるのですが、もしこの花をもう一度元木に接ぎ木したら、この花は生き返るのです。もう死にません。

皆さんは神から切り離されて現世にやってきたのです。人間が現世に生まれてきたのは、命の本源である神から切り離されたのです。

命は神、神が命です。聖書に「初めに言があった」とあります（ヨハネによる福音1・1）。これは初めに命があった。初めに神があったと同じことです。

私たちがこの世に生まれてきたということは、神から切り離された切り花の状態のようになったということです。花瓶に植えられた花と同じ状態です。花瓶の中に水が入っています。水とは何かと言いますと、自然現象です。人間は自然現象という命の中に入れられているのです。だから、皆さんは生け花と同じような状態で、命を経験しているのです。

ところが、生け花はやがて枯れてしまいます。人間もやがて死んでしまいます。しかし、生け花が元木に接ぎ木されたら死なないように、皆さんももう一度命の本源である神に接ぎ木されたらいいのです。元のように神につながったら死ななくなるのです。これが甦りです。復活です。人間はこれができるのです。

イエスは復活したのです。甦ったのです。イエス・キリストは見事に神につながったのです。このイエスの命をもらってしまえば、皆さんは元木である神に完全につながることができるのです。イエスが神と皆さんをつなぎ合わせる接着剤になっているのです。

神から切り離された人間は、どうしても元の神に戻ることができない。そこでイエスの命をもらうことによって、神につながることができるのです。これをすることによって、完全に神につながることができるのです。これしか方法がないのです。

死なない命を得る方法はこれしかありません。死にたくないと思うなら、ぜひこの方法を実行して頂きたいと思います。

あとがき

人間の考えには、表面的な考えと、底に沈んでいる考えと、二通りあります。思想するというのは、じっと思うことです。自分が現在生きていることに基づいて、人間の生活形態について色々思うことが、思想です。

思念というのは、自分が生きていると思っていること、自分は肉体的に生きているのだから、肉体的に生きている感覚が、生きている感覚だと思うことです。例えば、赤いものを赤いと思うこと、辛いものを辛いと思うことが思念です。思想と思念とは違うのです。

思念は人間の生命の底にこびりついています。思想は生活的に考えることです。思念は生命的に考えることです。思想的にいくら分かったと思っても、思念的に分かったことにはならないのです。

皆様は、死にたくないと思っていながら、死ぬに決まっている命を、自分の命だと思っています。絶対に死にたくないと思いながら、絶対に死ぬ命にしがみついている。この矛盾をどう考えるかです。

死ぬに決まっている命にしがみついている。これはどういうことでしょうか。皆様の現在の命は、間違いなく死ぬに決まっているのです。それをなぜ自分の命だと考えるのでしょうか。

死にたいと思う人は仕方がありませんが、本当に死にたいと思う人は、滅多にいません。心から死にたいと思う人は、ほとんどいないでしょう。難問題に行き当たって、絶対に解決できないと思う。行き掛かりの成り行きで、死んでやるという人はいますが、心から死にたいと考えている人はまずいないのです。苦しみや悩みから逃避したい、難問題から逃避したいから自殺をするのであって、命が嫌だから死ぬ人はいないのです。

死ぬに決まっていることを、すべての人が知っています。ところが、百人が百人共、千人が千人共、死ぬに決まっている命を自分の命だと思い込んでいる。これはどういうことでしょうか。

死ななければならないことを、すべての人が知っています。また、死にたくないと思うことも、すべての人が思っています。このような矛盾が、思想と思念の違いからできてくるのです。

この問題を解決するためには、般若心経と聖書を、よく勉強する必要があるのです。

般若心経の一部最初には、観自在という言葉を使っています。観自在も観世音も同じです。観自在と訳しても観世音と訳しても、どちらでもいいのです

世音はこの世に現われている音、いわゆるこの世の中の状態です。景気がいいとか悪いとか、政治がいいとか悪いとかいうことを読んでいくのです。これが観世音です。いわゆる世の音をみることができるようになりますと、人間は生まれる前の自分が少しずつ分かってくるのです。例えば、人間は、死ぬに決まっている命を自分の命だと思っています。なぜこんな気持ちを持っているのか。なぜこんなばかなことを思っているのかということが分かってくると、生ま

れる前の自分の思想に近づくことができるのです。これを観自在というのです。

観自在というのは、初めからあったということです。自とは初め、在とはあるということです。初めからあるというのは、生まれる前からあったということです。生まれる前からあった命の状態に近づくことができることを、観自在と言っています。

彼岸へ渡るということは、現在こちらの岸で生きている状態から、向こう岸へ渡ってしまうことです。般若波羅蜜多するのです。

こちら側の岸の人から見れば、向こう岸へ渡った人は、何とばかな所へ行ってしまったのかと思えるのです。ところが、向こう岸へ渡ってしまうと、死ぬに決まっている世界にいる人間は、お気の毒だなあと思えるのです。これは岸の違いです。

本当に、自分の命のあり方を転換するという勇気が持てる人は、向こう岸へ渡れるのです。こちら岸とは何か。人間の主観的存在がこちらです。これは死んでしまう人間です。向こう岸とは何か。人間の客観的存在が向こう岸です。

向こう岸は死なない世界です。実は、こちらと向こう岸は一人の人間存在の中に、同居しているのです。

般若波羅蜜多とは、こちら岸を捨てて、向こう岸へ渡ってしまうことです。こちら岸は肉体人間、固有名詞の人間です。向こう岸は心理機能、生理機能によって、ただ生かされている人で、これがイエスです。固有名詞の人間を捨てて、イエスを自分とすれば、向こう岸に渡たれるのです。

仏教では向こう岸に渡れと盛んに言いますが、向こう岸に渡る方法がはっきり示されていません。また、向こう岸に渡った人もいないのです。

イエスは十字架によって、すべての人のこちら岸を消してしまった。そうして、向こう岸の人格を示したのです。イエスが復活したことによって、すべての人は、向こう岸の人格になっている。神の処置によって、間違いなくそうなっていますから、これを黙って受け取ればいいのです。

般若心経は、自分の命を根本的に転換してみようというくらいの大胆さ、勇敢さがある人には分かります。しかし、こちらの岸に、じっとしがみついている人から考えますと、現世の常識を信じ込んでいますから、般若波羅蜜多とか、色即是空ということは、考えるだけ無駄ということになるのです。これは考え方の違いです。

現在の人間が持っている常識は、生きている間は役に立ちます。しかし、常識的に生きているのは、命の目的を持っていないのです。政治家も目的を持っていません。政治は本来まつりごとであって、まつりごとの本当の意味は、魂の本質を究明するという意味が大変強いのです。日常生活において、自分自身の魂のあり方を、究明しようという気持ちが、まつりごとです。

本来、日本の政治は、原則的にそういうニュアンスを持っていたのです。皆様の生活を、自分の魂という拠点から見ていくのです。そうすると、だんだん分かってくるのです。

現在の日本人は、命のこと、霊魂のことを、真面目に考える人がほとんどいなくなっています。生活のことは一生懸命になっている。これは文明そのもののあり方が、そういう人間を造ってしまったからです。

人間の本質を考えないで、人間は死ぬのが当たり前だということが、文明の原則になっています。人間文明は、皆様の命については全く考えていません。生活のことしか考えていないのです。これは本当の文明と言えるものではありません。

人間存在に関する本質的な考え方が、今までの常識ではない別の角度からの考えがあるべきではないかということを、考えて頂きたいのです。

死にたくないというのが、皆様の潜在意識として、皆様の腹の底に張りついているのです。死んではならない、死んだらひどいことになるという気持ちがあるのです。これが魂の気持ちです。

死にたくないという気持ちをどんどん辿っていけば、やがて死なない命が見えてくるのです。ここまで、真剣に、辛抱強く求めて頂きたいと思います。

梶原和義（かじわら　かずよし）

●名古屋市に生まれる。
●長年、般若心経と聖書の研究に没頭する。
●十三年間、大手都市銀行に勤務後、退職して新会社を設立する。
●現代文明の根源を探るため、ユダヤ人問題を研究する。
●「永遠の命」についての講話活動を各地で行っている。
●東京と関西で、随時勉強会を開催している。
●聖書研究会主幹の故村岡太三郎先生に師事し、般若心経と聖書の根本思想について、多くの事を学ぶ。また、村岡太三郎先生と共に「般若心経と聖書」というテーマで、全国での講演活動に参加した。
・毎年、七月から九月の間に、六甲山と軽井沢で開催された聖書研究会主催の夏期セミナーに講師として参加し、世界の文明・文化・政治・経済・宗教について指導した。
・毎年、大阪で聖書研究会により開催されている定例研究会に講師として参加。文明の間違い、宗教の間違いについて、十年以上にわたり指導した。
・聖書研究会神戸地区の地区指導員として、十五年にわたって監督、指導した。
・大阪の出版社ＪＤＣ出版の主催による講話会で、「永遠の生命を得るために」「般若心経と聖書」等について連続講義をした。
・川崎市の川崎マリエンにて、土曜日の午後一時半から四時半頃まで、勉強会を開催している。
（休む場合もあります）
・日曜日の午前十時半から十二時頃まで、全国の読者に向けてスカイプにて講話活動を行っている。
●一九九五年、一九九七年、世界一周をして、政治・経済・文化・人々の生活について広く見聞した。
・一九九五年七月二十六日エリトリアのイザイアス・アフェワルキー（Isaias Afeworki）大統領に面会し、エリトリアと日本の関係、エリトリア、アフリカの将来について話し合った。
・一九九七年二月十八日から二十八日の間に、イスラエルにて、イスラエルシャローム党創設者ウリ・アブネリ（Uri Avnery）氏と頻繁に会い、イスラエルの現状・PLOとの関係、イスラエルと日本との関係、ユダヤ教とメシア、イスラエルと世界の将来、人類の将来と世界平和等についてつっこんだ話合いをした。
・一九九五年六月二十七日より十月十七日迄、世界一周のためにウクライナ船「カレリア号」に乗船。船内で開催された洋上大学に講師として参加し、「東洋文明と西洋文明の融合」「永遠の生命とは何か」「永遠の生命を得るために」等について講演した。
・一九九七年十二月十九日から一九九八年三月二十一日迄、世界一周のためにインドネシア船

「アワニ・ドリーム号」に乗船。船内の乗客に「般若心経と聖書」というテーマで、三十三回の連続講義をした。この内容は拙著「ふたつの地球をめざして」に掲載している。

●日本ペンクラブ会員。

●日本文藝家協会会員。

●㈱アラジン代表取締役

●「礼和舵塾」塾長

著書

「永遠の生命」「永遠のいのち」「超幸福論」「超平和論」「超自由論」「超健康論」

「超恋愛論」「超希望論」「超未来論」

「ユダヤ人の動向は人類の運命を左右する」

「ユダヤ人が悔い改めれば世界に驚くべき平和が訪れる」

「ユダヤ人が立ち直れば世界に完全平和が実現する」

「ユダヤ人問題は文明の中心テーマ」

「ユダヤ人を中心にして世界は動いている」

「ユダヤ人問題は歴史の中の最大の秘密」

「ユダヤ人問題は地球の運命を左右する」
「イスラエルの回復は人類の悲願」
「ユダヤ人の盛衰興亡は人類の運命を左右する」
「ユダヤ人が回復すれば世界に完全平和が実現する」
「ユダヤ人問題は人間歴史最大のテーマ」
「ユダヤ人の回復は地球完成の必須条件」
「イスラエルが回復すれば世界は見事に立ち直る」
「ユダヤ人が悔い改めれば世界は一変する」
「とこしえの命を得るために　1」
「とこしえの命を得るために　2」
「とこしえの命を得るために　3」
「とこしえの命を得るために　4」
「とこしえの命を得るために　5」
「やがて地球は完成する」
「千年間の絶対平和」
「究極の人間の品格」
「究極の人間の品格　2」

「究極の人間の品格 ③」
「般若心経と聖書の不思議な関係 ①」
「般若心経と聖書の不思議な関係 ②」
「般若心経と聖書の不思議な関係 ③」
「ユダヤ人と人類に与えられた永遠の生命 ①」
「ユダヤ人と人類に与えられた永遠の生命 ②」
「ユダヤ人と人類に与えられた永遠の生命 ③」
「ユダヤ人と人類に与えられた永遠の生命 ④」
「ユダヤ人と人類に与えられた永遠の生命 ⑤」
「ユダヤ人と人類に与えられた永遠の生命 ⑥」
「ユダヤ人と人類に与えられた永遠の生命 ⑦」
「ユダヤ人と人類に与えられた永遠の生命 ⑧」
「ユダヤ人と人類に与えられた永遠の生命 ⑨」
「ユダヤ人と人類に与えられた永遠の生命 ⑩」
「死んでたまるか」
「死ぬのは真っ平ごめん」
「人類は死に完全勝利した」

「死は真っ赤な嘘」
「死ぬのは絶対お断り　上」
「死ぬのは絶対お断り　下」
「我死に勝てり　上巻」
「我死に勝てり　中巻」
「我死に勝てり　下巻」
「死なない人間になりました　上巻」
「死なない人間になりました　中巻」
「死なない人間になりました　下巻」
「あなたも死なない人間になりませんか　上巻」
「死なない人間の集団をつくります」
「世界でたった一つの宝もの　上巻」
「世界でたった一つの宝もの　中巻」
「世界でたった一つの宝もの　下巻」
「人類史上初めて明かされた神の国に入る方法　Ⅰ」
「人類史上初めて明かされた神の国に入る方法　Ⅱ」
「人類史上初めて明かされた神の国に入る方法　Ⅲ」

「人類史上初めて明かされた神の国に入る方法 Ⅳ」
「人類史上初めて明かされた神の国に入る方法 Ⅴ」
「人類史上初めて明かされた彼岸に入る方法 1」
「人類史上初めて明かされた彼岸に入る方法 2」
「人類史上初めて明かされた彼岸に入る方法 3」
「人類史上初めて明かされた彼岸に入る方法 4」
「人類史上初めて明かされた彼岸に入る方法 5」
「般若心経の驚くべき功徳」
「般若心経には人類を救う驚くべき力がある」（JDC）
「永遠の生命を得るために」第一巻〜第四巻（近代文藝社）
「ふたつの地球をめざして」「ノアの方舟世界を巡る」（第三書館）
「ユダヤ人が立ち直れば世界が見事に立ち直る」
「ユダヤ人が方向転換すれば世界全体が方向転換する」
「人類の救いも滅びもユダヤ人からくる」
「ユダヤ人に与えられた永遠の生命」（文芸社）

インターネットのみで販売している「マイブックル」での著書

「世界に完全平和を実現するために」（第一巻）（第二巻）

「ユダヤ人問題について考察する」第一巻~第五巻

「ユダヤ人が悔い改めれば地球に驚くべき平和が実現する」第一巻~第五巻

「ユダヤ人が悔い改めれば地球に完全平和が訪れる」第一巻~第五巻

「ユダヤ人問題とは何か」第一巻~第五巻

「真の世界平和実現のための私の提言」第一巻~第五巻

「人類と地球の未来を展望する」第一巻~第七巻

「人類へのメッセージ」第一巻~第八巻

「般若心経と聖書の不思議な関係」

「永遠の生命について考察する」第一巻~第十一巻

「誰でも分かる永遠の生命」第一巻~第五巻

「ユダヤ人が悔い改めれば千年間の世界平和が必ず実現する」

現住所　〒673-0541　兵庫県三木市志染町広野6-169-4
TEL　090（3940）5426　FAX　0794（87）1960
E-mail : akenomyojo@k.vodafone.ne.jp
http://www23.tok2.com/home/kajiwara102/
http://twitter.com/kajiwara1941
blog : http://eien201683.ie-yasu.com/
YOUTUBE : http://www.youtube.com/user/kajiwara1941/
https://www.facebook.com/kazuyosi.kajiwara
https://www.instagram.com/kazuyosikajiwara/

般若心経には文明を新しくする恐るべき秘密がある

発行日
2020年8月1日

著　者
梶原和義

発行者
久保岡宣子

発行所
JDC出版
〒552-0001　大阪市港区波除6-5-18
TEL.06-6581-2811(代)　FAX.06-6581-2670
E-mail：book@sekitansouko.com
H.P：http://www.sekitansouko.com
郵便振替　00940-8-28280

印刷製本
前田印刷株式会社